Podcasting
para negocios

Kurt Woischytzky

CONTENIDO

INTRODUCCIÓN

Los podcasts son increíbles, un fenómeno indiscutible. Es impresionante cómo han crecido en los últimos años. Aunque los contenidos de vídeo han tenido un auge, los podcasts han experimentado un crecimiento aún mayor. Mi pasión por los podcasts me motiva a compartir mis conocimientos contigo a través de este libro.

El medio de tendencia: podcast

¿Por qué los podcasts se han vuelto tan populares? Cualquiera involucrado en la industria de medios o consumidor de la misma habrá notado el ascenso de los podcasts. En mis investigaciones, he dialogado con varios creadores y oyentes de podcasts sobre este tema. Los siguientes cuatro factores emergieron como los más relevantes:

Producir podcasts resulta **sencillo**. Tan solo con tu voz, puedes transmitir tu mensaje al mundo mediante este formato. En comparación con los videos, donde se deben considerar aspectos como la iluminación y la ambientación, la preparación de un podcast requiere menos esfuerzo y la posproducción es más ágil al tratarse de contenido exclusivamente auditivo.

Los podcasts están capturando **mucha atención**, no solo en el mercado en general, sino también en cada uno de sus episodios. En una era en la que la atención de los consumidores es cada vez más limitada, los podcasts destacan como un faro. A través de ellos, las personas dedican tiempo e inmersión profunda a diversos temas. Según un estudio reciente de Bitkom, la audiencia promedio escucha un episodio de podcast durante 26 minutos, más tiempo que el dedicado a una publicación promedio en Facebook, Instagram o incluso TikTok.

Escuchar podcasts es **fácil y accesible**. No es

necesario registrarte ni iniciar sesión en varias aplicaciones para disfrutar de ellos. Las apps de podcasts vienen instaladas por defecto en todos los smartphones, lo que hace que la mayoría de las personas puedan acceder a los podcasts de forma sencilla y directa.

Los podcasts también son un **medio muy íntimo**. La mayoría de las personas los escuchan en momentos libres de distracciones, como durante un viaje en tren o por la noche antes de dormir, una de las situaciones más íntimas. ¿Qué otro medio puede jactarse de acompañar a sus oyentes a la cama? Además, estamos más cerca de nuestros oyentes, como si les habláramos al oído. A diferencia de la radio o la televisión, que se escuchan a lo lejos a través de un altavoz al otro lado de la habitación.

En mi opinión, estos cuatro argumentos son las razones clave detrás del boom de los podcasts. Han abordado una necesidad en la industria de los medios y la han conquistado a un ritmo sin precedentes.

Mi experiencia profesional

Claro, tampoco me he mantenido ajeno a la tendencia de los podcasts. Al fundar kurt creativo en 2019, trabajaba a tiempo completo como productor en una destacada emisora de radio alemana, lo que me mantenía al tanto de las últimas novedades en medios. En broma suelo decir que los podcasts llegaron a mí de alguna manera. Gracias a mi experiencia en producción de audio, amigos de mi red empezaron a pedirme que produjera sus podcasts, lo que inicialmente era esporádico, pero que con el tiempo dio paso a kurt creativo, mi principal fuente de ingresos desde 2021, y sigue creciendo constantemente.

Otros detalles sobre mi trayectoria profesional:

- Nací en 1995 en Dresde, Alemania, en un punto de transición entre las generaciones Y y Z.
- Mi primera incursión en los medios de comunicación fue a los 16 años como becario en la agencia de noticias dapd y como colaborador independiente en el periódico local TLZ.
- Voluntariado en las emisoras de radio locales de Alemania Central.
- Prácticas y trabajo independiente en la emisora comercial Radio Brocken.
- Licenciatura en Gestión de la Comunicación

- Estudiaba y trabajaba, luego me convertí en productor a tiempo completo en la productora de medios de comunicación IR Media (BB Radio, Radio Teddy).
- Trabajo por cuenta propia a tiempo completo como propietario de kurt creativo desde 2021.

Mi propia creación de contenido ha sido fundamental en el crecimiento de mi empresa desde el principio. Mi canal de YouTube es actualmente el canal más grande en alemán centrado en la producción de podcasts, con más de 10.000 visitas mensuales. Se ha convertido en la primera parada para muchos aspirantes a podcasters que buscan información y conocimientos sobre el tema.

Mi equipo y yo hemos colaborado con más de 200 clientes para llevar a cabo sus proyectos de podcast, abarcando desde startups hasta entidades públicas.

La empresa kurt creativo

Con mi empresa, kurt creativo, mi objetivo inicial fue inspirar a mis clientes para convertir sus ideas en podcasts y ayudarles a expandir sus conocimientos en este proceso. Para las tareas técnicas complejas como la producción y la publicación, ofrecemos servicios de reserva flexibles como complemento. He optado por innovar en lugar de seguir los modelos tradicionales de la industria mediática y de agencias. Kurt creativo ha evolucionado desde sus inicios: pasando de ser una empresa unipersonal conmigo como propietario, comercializador y productor, a una agencia con oficina y empleados fijos, hasta convertirse en una empresa ágil y totalmente digital con un claro sistema de valores y colaboradores autónomos para tareas especializadas.

La actual dirección de kurt creativo se ha mostrado como la solución ideal para satisfacer las necesidades de las empresas contemporáneas: ofrecemos flexibilidad, apoyo experto y una estructura de precios transparente. Todos nuestros servicios están disponibles para reserva a través de una tienda online bien organizada y pueden adaptarse de manera flexible a las necesidades de tu proyecto de podcast.

Por lo general, nuestra división de Coaching y Consultoría sienta las bases, abarcando desde talleres en línea y sesiones de asesoramiento personal hasta este libro. Aquí te preparamos para incursionar en el mundo de los podcasts y te proporcionamos los conocimientos fundamentales necesarios. Una vez estés listo, puedes emprender tu proyecto de podcast por tu cuenta con nuestra guía o optar por nuestros servicios de reserva flexible para aspectos individuales como la producción, lo que te permitirá ahorrar tiempo valioso de trabajo.

Nuestros servicios están cuidadosamente diseñados para complementarse y brindarte apoyo en cada etapa de tu trayectoria en el podcasting, si así lo necesitas, dándote la opción de asumir las tareas por ti mismo con la posibilidad de aprender en el proceso.

Por esta razón, este libro te brinda instrucciones detalladas paso a paso para crear tu podcast por ti mismo, además de hacer referencia a nuestros servicios profesionales en los momentos adecuados. Dado que ciertos conceptos son complejos de explicar únicamente en texto (especialmente en lo que respecta al software), este libro se complementa con un sitio web adicional donde encontrarás tutoriales en vídeo, descargas y otros recursos.

Objetivos y estructura de este libro

Antes de adentrarnos en los temas específicos, me gustaría ofrecerte una visión general del contenido de este libro. He evitado extensas y tediosas explicaciones sobre la historia de los podcasts de forma intencional, ya que este libro está diseñado para ser práctico y su objetivo es brindarte conocimientos claros que puedas aplicar rápidamente.

El libro se divide en cinco capítulos:

1. Planificación:

Este capítulo te proporcionará una visión general de lo que hace que un podcast sea exitoso. Hay una gran variedad de podcasts sobre diversos temas: ¿cómo puedes destacar con tu propio podcast? ¿Qué esperan tus oyentes? ¿Cuál sería la estructura, título y eslogan ideales? ¿Y cómo puedes generar ingresos con el podcast? Estas son preguntas fundamentales al principio de cualquier aventura en el mundo del podcasting y, por tanto, deben abordarse en primer lugar.

2. Trabajo editorial

Una vez tengas claro el concepto de tu podcast, es momento de llevarlo a la práctica. Esto implica investigar temas actuales y relevantes, buscar invitados y coordinar citas. Obtendrás orientación sobre cómo realizar las primeras sesiones de lluvia de ideas y cómo seleccionar estratégicamente interlocutores interesantes, ya que no todas las personas que les gusta hablar son automáticamente aptas como invitados para un podcast. Para asegurar que tus primeras entrevistas sean exitosas, también recibirás numerosos consejos prácticos sobre cómo llevar a cabo una moderación elocuente.

3. Grabación

Una vez hayas finalizado la preparación de los contenidos, llega el momento de abordar la implementación técnica. A menudo, este aspecto preocupa a muchos principiantes, pero no tiene por qué ser así. Te mostraré varias configuraciones técnicas para diferentes escenarios de grabación que han sido muy exitosas para mis clientes, explicándote detalladamente cómo configurar todo, ponerlo en marcha y realizar grabaciones de alta calidad.

4. Post-producción

Una vez que hayas finalizado la grabación, es hora de abordar el proceso de postproducción, es decir, la producción. En este capítulo, aprenderás acerca de los componentes acústicos que conforman un episodio de podcast, cómo editarlos por ti mismo y cómo utilizar herramientas técnicas simples para lograr un sonido profesional. También trataremos el tema de las introducciones y saludos finales, uno de los aspectos más solicitados por los principiantes.

5. Distribución

Una vez hayas producido el episodio de tu podcast, estás listo para compartirlo con el mundo. Para muchos principiantes, este proceso puede ser desconocido, ya que no basta con simplemente subir el podcast a las aplicaciones, se requiere un servicio de alojamiento, también conocido como "hoster". Este capítulo te explica de manera sencilla cómo configurarlo. Además, exploramos las estrategias que puedes emplear para aumentar significativamente la visibilidad de tu podcast y construir tu propia comunidad.

¿Te parece emocionante? Estoy seguro de que disfrutarás mucho de todo el proceso. Lo mejor del podcasting es que aprenderás sobre una variedad de temas al mismo tiempo: periodismo, tecnología de audio, redes sociales, marketing, entre otros. Estos conocimientos te serán útiles en diversos ámbitos más allá de tu podcast, así que ¡vamos a ello!

CAPÍTULO 1: PLANIFICACIÓN

Cómo funcionan los podcasts empresariales

La primera pregunta fundamental al iniciar cualquier proyecto siempre debe ser: ¿Qué es lo que realmente quiero lograr con él? En el contexto de los podcasts, la cuestión principal es si tu podcast será un proyecto de entretenimiento personal o una herramienta estratégica de marketing para un negocio. La respuesta a esta pregunta impacta significativamente en el enfoque específico del podcast.

Los podcasts hechos por aficionados generalmente son financiados por los propios creadores. En este escenario, no se puede esperar un retorno significativo de la inversión, dado que su alcance suele ser limitado. En contraste, los podcasts de figuras reconocidas, como los influencers, obtienen sus ingresos principalmente a través de la publicidad y patrocinios. Estos shows, al ser de alta visibilidad, atraen a muchos oyentes, lo cual resulta atractivo para los anunciantes, pero requiere un umbral alto de audiencia. Por otro lado, los podcasts empresariales representan una herramienta de marketing estratégico estrechamente ligada a la marca de la empresa. Su objetivo es llegar a potenciales clientes, resaltar la experiencia de la empresa y promoverla de manera sutil. Incluso con menor cantidad de oyentes, se puede lograr un buen retorno de la inversión, ya que los seguidores suelen estar muy interesados en adquirir productos o servicios de nicho.

Definición de temas

Vamos a analizar primero los temas que están teniendo éxito en el ámbito de los podcasts en Alemania, según los estudios actuales. Se ha observado que estos temas se mantienen bastante estables a lo largo del tiempo, mostrando pocos cambios. Esta consistencia puede ofrecerte, como podcaster, una base sólida para planificar tu contenido, ya que cambios drásticos en el tema de un podcast existente suelen tener menos aceptación una vez que la audiencia se ha familiarizado con el formato. En contraposición, realizar pequeños ajustes dentro de tu nicho (especialmente adaptándote a las tendencias a largo plazo) suele ser bien recibido o al menos no genera una reducción en la audiencia.

Durante mucho tiempo, los temas más populares en el mundo de los podcasts han sido las noticias y eventos actuales, la comedia y el entretenimiento (a menudo con figuras conocidas o influyentes), el amor y las relaciones, la psicología cotidiana y las historias de crímenes reales.

Estos temas populares te pueden guiar sobre en qué áreas es probable alcanzar una audiencia sólida. Entonces, ¿dónde posicionamos nuestro podcast? Para destacar entre otros formatos, es crucial encontrar un nicho específico dentro de estos temas principales. Por ejemplo, podría tratarse de relatos policiales de la región del Palatinado, consejos psicológicos y mentalidad para atletas de élite, historias sobre relaciones amorosas entre parejas internacionales o relatos entretenidos sobre la vida de una azafata de vuelo. Como ves, existen numerosas oportunidades para descubrir un nicho adecuado dentro de estas áreas temáticas amplias. La creatividad no tiene límites.

¿Y qué ocurre con los podcasts empresariales? ¿Cómo podemos elegir un tema adecuado para promocionar nuestra empresa a través de un podcast? Para comenzar, lo primero es identificar el tema específico que nuestra empresa respalda y en el que tenemos una amplia experiencia. Luego, debemos encontrar un tema amplio en el que podamos integrar este enfoque particular. De esta manera, creamos un formato que resulta atractivo para una audiencia más amplia y nos brinda la oportunidad de presentar nuestra empresa de manera convincente. En la sección "Tema, título, formato" abordamos este asunto con mayor detalle.

Factores de éxito

Si estás trabajando en la creación de un podcast, es comprensible que desees que tenga éxito. Tienes un gran impacto en esto. Por tanto, me gustaría comenzar mencionando los criterios más cruciales que, en base a mi experiencia, contribuyen de manera significativa al éxito de tu podcast.

Proporciona a tu audiencia contenido relevante y exclusivo. En la siguiente sección, nos adentraremos en el tema de tu audiencia objetivo. Es crucial que entiendas a las personas a las que se dirige tu podcast y que satisfagas sus necesidades. Los temas de tu podcast deben ser pertinentes para tu público en su mundo particular y, de ser posible, exclusivos, es decir, únicos y no fácilmente accesibles en otros lugares.

Tu podcast debe tener una programación regular para mantenerse relevante. Publicar con consistencia es fundamental para que te recuerden. Un intervalo ideal es entre una y tres semanas. Si compartes episodios con menos frecuencia, corres el riesgo de perder a tus oyentes rápidamente. Por otro lado, si publicas con demasiada frecuencia, es probable que no encuentren tiempo para consumir todo el contenido y dejarán de escuchar tu podcast de manera activa. Es importante también tener una estructura definida para que tus oyentes sepan qué esperar y puedan adaptarse a tu formato.

Es crucial establecer una conexión sólida con tus oyentes. Abordaremos con más detalle cómo construir comunidades y las estrategias específicas para lograrlo en la sección de distribución. Cuando tus oyentes se sientan parte integral de tu proyecto de podcast y se forme una comunidad sólida, la conexión emocional contigo como presentador crecerá, aumentando así la probabilidad de que permanezcan fieles a tu podcast a largo plazo. Por lo tanto, es fundamental colocar a los oyentes en el centro de la planificación y desarrollo de contenidos.

Tu podcast no debería ser visto simplemente como un instrumento de marketing. Este tema es especialmente relevante en el contexto de los podcasts empresariales. Observo que las empresas cometen este error una y otra vez: se proponen convertir un podcast en una herramienta de marketing y terminan convirtiéndolo en una plataforma principalmente publicitaria. Al hacerlo, pierden de vista por completo que los oyentes no sintonizan un podcast para ser bombardeados con anuncios (ya que esto sucede de forma automática en muchas aplicaciones), sino para aprender algo nuevo o ser entretenidos. Por ende, la publicidad en el contenido debe ser incorporada con moderación en el podcast.

Para los podcasts empresariales, una integración sólida con la identidad de tu marca corporativa resulta fundamental. Si estableces tu podcast como parte de la imagen de tu empresa, es crucial que se identifique claramente como una iniciativa de la misma. Como empresario independiente, puedes lograrlo destacando tu imagen en la foto principal o incluyendo el logotipo de tu empresa. Además, es importante abordar regularmente y de manera deliberada temas relacionados con tu trabajo en el podcast.

Equilibrio entre valor para el usuario y marketing

Dado lo relevante que es el tema de los contenidos promocionales y la frecuente tendencia de las empresas a ir a un extremo u otro con los podcasts empresariales, voy a dedicar una sección especial a este aspecto. Como ya se ha mencionado, el desafío de los podcasts empresariales radica en encontrar un equilibrio adecuado entre el valor para el usuario — los temas editoriales que interesan a nuestros oyentes— y los objetivos de marketing. La mejor forma de lograr este equilibrio es fusionando ambos enfoques en nuestro podcast.

Podemos comenzar, por ejemplo, con una introducción editorial en la que presentamos el tema sin incluir ningún mensaje de marketing, simplemente ofreciendo un adelanto de nuestro podcast.

Después, en el intro, realizamos la primera mención de la marca. Como parte estándar, el intro puede incluir una referencia de patrocinio, donde mencionamos el nombre de nuestra empresa de manera sutil por primera vez, introduciendo así nuestro mensaje de marketing.

Después de la entrevista, nos adentramos en la sección editorial. El objetivo principal en esta fase es proporcionar valor al oyente, es decir, presentarle el contenido más relevante posible para él.

En mitad del podcast, podemos pausar brevemente esta sección editorial para introducir un producto que se relacione temáticamente con el episodio actual. De esta manera, interrumpimos levemente la corriente de la entrevista, pero logramos captar la atención de los oyentes en un momento clave y guiarlos hacia nuestro mensaje de marketing.

Este mensaje de marketing debe ser conciso y directo: siempre podemos proporcionar más detalles en la descripción del podcast. Es esencial retomar rápidamente los temas del contenido y animar a los oyentes a mantenerse comprometidos. Esto se puede lograr, por ejemplo, al incluir un avance de la segunda parte dentro de la primera, ofreciendo un adelanto breve del contenido que seguirá a continuación.

Cerca del final del podcast, es adecuado incluir una llamada a la acción, el último momento promocional en el que invitamos a nuestros oyentes a explorar nuestra oferta o a visitar nuestro sitio web.

En la parte final, concluimos con una sección editorial donde, por ejemplo, adelantamos los temas del próximo episodio, generamos interés y motivamos a nuestros oyentes para que regresen y escuchen el siguiente episodio.

Por lo tanto, al combinar de manera efectiva el contenido editorial con los mensajes de marketing y permitir que se entrelacen, garantizarás que tu podcast brinde valor a los oyentes y que tus mensajes de marketing se presenten de manera apropiada.

Convertir oyentes en clientes

Otro aspecto relevante en relación con los podcasts empresariales es entender cómo los oyentes se convierten en clientes de pago. Es crucial comprender cómo los podcasts contribuyen a tu estrategia de marketing, ya que este proceso a veces requiere tiempo y los caminos hacia una compra o la creación de un contrato suelen ser complejos. Por experiencia, sé que cuando se trata de acciones de marketing, las personas suelen preguntar rápidamente: "¿Qué ha logrado realmente esta inversión en nuestras ventas?". Esta pregunta es comprensible, pero muchas veces se plantea prematuramente, ya que a diferencia de un anuncio en el que se puede hacer clic en Google, la influencia de un podcast en las ventas a menudo se materializa tras un periodo prolongado. Es poco común que los oyentes pasen directamente de un episodio de podcast a un proceso de compra.

De hecho, escuchar un episodio de podcast suele ser uno de los primeros puntos de contacto que tus clientes potenciales tienen con tu empresa. Por ejemplo, empiezan escuchando tu podcast, desde ahí acceden a un post en Instagram de tu empresa mediante un enlace publicitario en un episodio, se suscriben a tu empresa y, tras algunas semanas, llegan al proceso de compra a través de otro contenido atractivo. Tal vez encuentren una oferta interesante que les ofrezca el impulso final para adquirir uno de tus productos o servicios en ese momento.

Otros oyentes pueden llegar a tu perfil de LinkedIn desde uno de tus episodios de podcast, ya que durante la entrevista mencionaste una publicación conjunta con tu invitado. En este punto, encuentran el enlace de tu empresa que los dirige a la tienda en línea, donde finalmente realizan una compra.

Todos estos caminos son impredecibles y pueden extenderse durante varias semanas o incluso meses. Por esta razón, es fundamental permitir que este proceso se desarrolle adecuadamente con el tiempo necesario. Es esencial realizar una fase inicial y posteriormente, a través de encuestas específicas dirigidas a los nuevos clientes, determinar los canales que utilizaron para descubrir tu empresa y qué papel desempeñó el podcast en este recorrido. Es posible que muchos oyentes no estén preparados para realizar una compra al escuchar tu podcast, pero aún así te asociarán mentalmente a ti y a tu empresa con el contenido de tu programa. Cuando este contenido se vuelva relevante para ellos en el futuro, tu marca estará fresca en sus mentes y tu empresa será su primera elección para efectuar una compra o un pedido.

Grupo destinatario

¿Quién es el grupo destinatario?

Es posible que ya tengas una idea general en mente sobre para quién estás creando tu podcast: tus clientes actuales, clientes potenciales, o simplemente personas con intereses similares. Sin embargo, ¿estás seguro de que has considerado a todos realmente? Me gustaría motivarte a reflexionar con más detalle sobre tu audiencia objetivo. Con estrategias de marketing efectivas (las discutiremos más adelante), un podcast puede llegar a una variedad mucho más amplia de grupos de interés de lo que inicialmente podrías imaginar. Por esta razón, en esta sección brindaré un panorama breve sobre quiénes podrían ser de interés para ti como podcaster dentro de tu grupo objetivo.

Clientes

Lo primero que suele venir a la mente es la clientela, especialmente en el contexto de los podcasts empresariales. Es comprensible, dado que los clientes son quienes aportan ingresos a la empresa y, por ende, son de suma importancia para cualquier estrategia de marketing. Sin embargo, es fundamental detenerse un momento: ¿Existen diversos segmentos dentro de tu base de clientes? ¿Qué segmentos escuchan podcasts de manera regular? ¿Cómo podemos adaptar nuestro podcast específicamente para llegar a estos segmentos?

Empleados

Si tienes una empresa más grande, otro segmento de tu audiencia objetivo serán tus empleados, aunque no sea tu público principal. Es muy probable que ellos también escuchen tu podcast, se sientan intrigados y deseen conocer los temas que se están tratando. "¿Sobre qué temas está hablando actualmente nuestra empresa?". Muchos empleados se plantean esta cuestión y la emplean como base para el desarrollo futuro de la compañía. Además, podrán escuchar a sus colegas de distintos departamentos en el podcast y comprender mejor sus perspectivas sobre temas relevantes en el sector.

Socio de negocios

Especialmente si compartes de manera efectiva tu podcast en tu red (por ejemplo, en LinkedIn), es muy probable que otros profesionales de tu sector también lo escuchen. Personalmente, he notado esto con mis propios contenidos: una parte significativa de mi audiencia proviene de mi sector, y a menudo me contactan para pedir mi opinión sobre diversos temas como micrófonos, herramientas, entre otros. Esto brinda excelentes oportunidades para ampliar tu red de contactos y fortalecer tu presencia en el sector.

Inversores

Cuando produces un podcast para una startup, los patrocinadores desempeñan un papel crucial. Ellos suelen revisar regularmente tus contenidos en redes sociales (incluido tu podcast) para evaluar cómo se está utilizando su inversión y el progreso de tu empresa. Un podcast brinda excelentes oportunidades para presentar y analizar detalladamente lo que sucede en la empresa en ese momento, el desarrollo de los procesos y las innovaciones. Por otro lado, si no consideras a este grupo objetivo, podrías crear una percepción equivocada que no te beneficiaría en absoluto.

Estos son solo algunos ejemplos de segmentos potenciales de tu audiencia a los que quizás no hayas considerado inicialmente. Al ampliar tu perspectiva e incluir a la mayor diversidad de audiencia posible, lograrás mayor éxito con tu podcast.

El avatar del grupo destinatario

Una excelente manera de definir y analizar tu audiencia objetivo es a través del llamado "avatar". No me refiero a la famosa película de Christopher Nolan, sino al avatar que representa a tu audiencia, una herramienta muy utilizada en el ámbito publicitario. Este avatar se emplea para visualizar quiénes son las personas que consumen un determinado contenido, en este caso tu podcast. ¿Cómo son estas personas? ¿Cuáles son sus preferencias y comportamientos? Todos estos aspectos se toman en consideración.

A continuación examinaremos las categorías más importantes.

www.kurtcreativo.es/materiales-ppn

Demografía

Las características demográficas hacen referencia, en un primer momento, a los datos fundamentales típicos de un grupo de personas, comúnmente presentes en diversos estudios. Se trata, en particular, de

- Edad y genero
- Lugar de residencia (no solo regiones particulares, sino también diferenciando entre ciudad y país).
- Lenguas habladas (en ciertas culturas se emplean idiomas diferentes al idioma nacional predominante).
- Educación y ocupación.
- Estado civil
- Nivel de ingresos.

Preferencias

Las preferencias abarcan los valores de tu audiencia objetivo. ¿Juegan un papel crucial aquí la diligencia, la organización y la perfección? ¿O más bien la diversión, la libertad y la autenticidad? El sistema de valores personales ejerce una influencia significativa en nuestras vidas y es totalmente único para cada segmento de audiencia.

Cuando estás creando tu podcast, es crucial considerar qué temas son relevantes para tu audiencia en el contexto global. ¿Están preocupados por el alza en los precios de la energía o el cambio climático? ¿Cuál es la importancia de las cuestiones económicas para ellos? El enfoque de interés varía significativamente dependiendo del entorno.

¿Cuáles son los sueños y aspiraciones de tu audiencia? Estos aspectos son un impulso crucial en nuestra vida diaria y, por ende, también en nuestra forma de consumir medios de comunicación. ¿Tu audiencia anhela viajar por el mundo o tiene el sueño de adquirir una casa en algún momento?

¿Cuáles son los planes personales y profesionales importantes para tu audiencia? ¿Les gustaría disfrutar de unas extensas vacaciones en familia? ¿O quizás están dedicados a su desarrollo personal y buscan un departamento completamente amoblado en un vecindario específico donde siempre han deseado vivir? Basándonos en esto, ¿cuáles son sus metas profesionales y sus aspiraciones de aprendizaje continuo?

¿Cómo es la situación general de vida de tu audiencia? ¿Prefieren residir en una comunidad con una vida social dinámica y un extenso círculo de amigos para un apoyo mutuo? ¿O son más solitarios y tienden a socializar principalmente a través de redes sociales?

Para descubrir las preferencias de tu audiencia, lo ideal es conversar directamente con ellos. Puedes tomar un enfoque más científico al realizar encuestas representativas o confiar en tu instinto y hacer preguntas detalladas a alguien que sea representativo de tu audiencia para obtener una perspectiva más clara.

Consumo de medios de comunicación.

Al explorar el consumo de medios, es fundamental entender los momentos y lugares en los que tu audiencia interactúa con los medios, y luego determinar la mejor manera de conectar con ellos a través de estos canales. Es sumamente útil examinar la rutina cotidiana típica. Este análisis puede representarse eficazmente visualizando una agenda diaria, donde se detallan los medios de comunicación utilizados en cada hora.

En el ejemplo gráfico, generalmente la radio se enciende por la mañana. Luego, se activa el smartphone para revisar noticias y redes sociales. Posteriormente, van al trabajo y utilizan el ordenador. Durante el descanso, la audiencia vuelve a consultar el smartphone antes de seguir trabajando en el ordenador. Por las noches, es común dedicar tiempo a ver televisión.

Esta rutina diaria varía considerablemente para cada segmento de audiencia. Por eso, es recomendable preguntar a varios representantes típicos de tu audiencia acerca de sus hábitos cotidianos. ¿Cómo estructuran su día y qué medios consumen? Estos datos son fundamentales al decidir qué canales emplear para difundir y promocionar tu podcast.

¿Deberías enfocarte en aplicaciones móviles como Spotify y Apple Podcasts? ¿O en el reproductor integrado en tu sitio web? El comportamiento de consumo de medios de comunicación de tu audiencia puede proporcionarte una guía útil.

Aspecto y lenguaje

En primer lugar, los canales de comunicación primarios utilizados por tu audiencia son de suma importancia. ¿Siguen prefiriendo las llamadas telefónicas o se inclinan más hacia mensajes de voz y chats? Esta información te proporciona una idea de los canales de interacción que puedes ofrecer a tu grupo objetivo.

¿Se observan modales y cortesías específicas? En ciertos contextos mediáticos, ciertas formas de cortesía son de gran relevancia: hay audiencias que prefieren un tono directo, mientras que a otros les resulta incómodo. Resulta beneficioso familiarizarse con estos modales y ajustarse a ellos en tu podcast.

¿Qué tipo de lenguaje se emplea? ¿Existe alguna jerga particular? Determinadas palabras y anglicismos son muy usuales entre las generaciones más jóvenes actualmente. Sin embargo, las personas de generaciones mayores suelen no entenderlas. Por otro lado, hay términos característicos de generaciones mayores que pueden parecer anticuados o directamente incomprensibles para los jóvenes. Es esencial adaptar el lenguaje de tu podcast al de tu audiencia para que se sientan más identificados con él.

¿Qué nivel de profundidad alcanzan las conversaciones? En ciertos medios, las charlas de poco peso suelen ser más atractivas y los diálogos tienden a ser superficiales, mientras que en otros los individuos prefieren adentrarse deliberadamente en detalles y buscar específicamente conversaciones más profundas. De acuerdo a las preferencias habituales de tu audiencia, deberás ajustar el enfoque de tu podcast en consecuencia.

También existen ciertos temas tabú que la mayoría de las audiencias evitan abordar deliberadamente. Por ejemplo, en Alemania, la cuestión de los ingresos es un tema tabú. La mayoría de las personas utilizan expresiones indirectas como "puedo vivir cómodamente" o "me puedo permitir unas vacaciones al año", en lugar de especificar una cifra exacta. En contraste, en Estados Unidos, hablar sobre ingresos es bastante común en las conversaciones diarias: muchas personas no dudan en revelar sus ingresos reales y compararlos con los de otros. Además de estos temas tabú específicos de cada país, existen también en ciertos contextos mediáticos y deben tenerse en cuenta al planificar el contenido del podcast.

Uso del avatar

Una vez que hayas recopilado suficiente información sobre los datos demográficos, las preferencias, el uso de los medios y el lenguaje de tu audiencia, puedes emplearla para desarrollar un avatar detallado. Visualizarlo gráficamente y tenerlo a la vista al buscar nuevos temas para los podcasts también resulta beneficioso. Muchas estaciones de radio suelen usar un avatar gráfico de la audiencia en sus reuniones editoriales, ya que ayuda a dar forma concreta a una audiencia que, de otra forma, sería bastante abstracta. Además, puedes crear un panel de inspiración a partir de diferentes objetos y entornos característicos que representen a tu avatar de audiencia.

El avatar puede evolucionar con el tiempo. A través de los comentarios, conseguirás detalles más certeros sobre el estilo de vida de tu audiencia, lo que te permitirá ajustar de forma más personalizada el avatar según esta información.

Un buen consejo que me dieron al iniciar en la radio es tener siempre a la vista el avatar como referencia visual mientras estoy al aire. Esto te ayudará a mantener automáticamente el enfoque correcto.

Tema, título y formato

Ahora que hemos considerado a nuestra audiencia objetivo y, idealmente, tenemos una idea clara de a quiénes nos dirigimos con nuestro podcast, es hora de diseñarlo.

Formatos de podcast

El formato de podcast más simple es conocido como "podcast en solo", donde un único presentador conduce el programa. Este formato es el que implica menos trabajo, dado que no requiere la organización de invitados y solo hace falta un micrófono. Es una buena elección si tienes mucho contenido que compartir y tus temas o historias son lo suficientemente intrigantes como para sostenerse sin interacciones adicionales. No obstante, los podcasts en solo tienden a volverse algo monótonos y rígidos con rapidez.

Otro formato popular es el de co-moderación. En este formato, trabajas regularmente con otra persona en la presentación del podcast. Esta dinámica es común en muchos podcasts reconocidos, donde los presentadores se reúnen periódicamente para grabar y discutir experiencias cotidianas. La ventaja radica en que ambos participantes están familiarizados con los procedimientos técnicos y conocen el funcionamiento del programa. A menudo, existen rutinas establecidas y posiblemente incluso bromas internas que se pueden retomar una y otra vez. Dado que la grabación se realiza siempre con la misma configuración, resulta igual de sencillo que un podcast en solitario, pero los diálogos le aportan un dinamismo especial al programa.

En el formato de entrevista, contamos con diversos invitados, tales como colegas de nuestra empresa, personalidades destacadas, autores de libros y expertos, quienes abordan una amplia gama de temas. La entrevista es, indudablemente, el formato más emocionante y con mayor impacto en marketing. Sin embargo, también es el más exigente en términos de tiempo, dado que cada invitado presenta distintas necesidades. Algunos pueden no ser tan competentes técnicamente, mientras que otros pueden tener más experiencia en el ámbito del podcasting. En cualquier caso, las entrevistas demandan una organización más detallada, pero ofrecen un resultado muy atractivo al final.

También hay un formato especial llamado reportaje. Solo lo menciono brevemente aquí, ya que no es un formato clásico de podcast. Los reportajes se han incorporado a los podcasts principalmente después de que las emisoras de radio comenzaran a publicar sus segmentos ya producidos del programa principal en formato de podcast. Estos involucran entrevistas, edición de sonidos individuales y la inclusión de moderadores guionizados entre estos sonidos. Este collage da lugar a una nueva historia. Dado su carácter complejo y enfoque artístico, no lo recomendaría para principiantes.

Podcast en solo   Co-moderación   Entrevista   Reportaje

Perfectamente puedes combinar varios formatos en un solo canal de podcast. Por ejemplo, puedes lanzar el primer episodio de manera individual y luego pasar a las entrevistas cuando te sientas cómodo con ellas. También puedes abordar ciertos temas con un coanfitrión constante.

Nicho versus corriente principal

Cuando diseñas tu podcast, un aspecto estratégico fundamental es elegir entre un enfoque de nicho o uno más general. Esta es una de mis áreas preferidas porque a menudo hay conceptos erróneos al respecto. Al iniciar un podcast empresarial, algunas personas eligen temas demasiado amplios que no resuenan con su audiencia objetivo y no cumplen su propósito. Por otro lado, hay empresas que se enfocan excesivamente en su nicho, llegando a solo unos pocos oyentes aleatorios, lo cual, económicamente hablando, carece de sentido. Si el tema es demasiado especializado, el podcast podría tener muy poca audiencia y los algoritmos lo considerarán irrelevante.

Entonces, el desafío consiste en: ¿cómo combinar estas dos áreas? Para empezar, me gustaría brindarte un resumen breve de los temas que, según investigaciones recientes, han demostrado ser los más populares en el mercado alemán de podcasts, aquellos que inicialmente atraen a la mayoría de los oyentes en general:

- Temas relacionados con política y sociedad (noticias, debates, historia, etc.)
- Temas de ciencia y tecnología

- Asuntos de salud (especialmente psicología)
- Ocio, pasatiempos, juegos (principalmente dirigidos por personas influyentes)
- Temas sobre naturaleza y medio ambiente

Estos temas principales se han mantenido constantes a lo largo de varios años y reflejan el interés general de todos los grupos objetivo.

Para aprovechar el impacto de uno de estos temas principales en nuestro nicho específico, debemos analizar cuidadosamente dónde coinciden nuestro nicho y uno de esos temas clave. Al ubicar nuestro podcast en esta intersección, podemos trabajar con un tema que beneficia a nuestras audiencias generales y nos proporciona alcance, al mismo tiempo que nos brinda la oportunidad de establecernos como expertos en nuestro nicho.

Por ejemplo, si queremos lanzar un podcast empresarial para una compañía que produce maquinaria agrícola, y nuestro enfoque está en ese nicho específico, que atrae a una audiencia limitada y especializada, podemos buscar un tema más general para integrar. Supongamos que contamos con un presentador con buen sentido del humor y preferimos un tono comunicativo y relajado, podríamos elegir abordar el popular tema de la comedia y el entretenimiento.

El resultado es un podcast donde compartimos relatos divertidos sobre la vida en la granja, recibimos a agricultores de diferentes generaciones y exploramos los aspectos curiosos de la vida rural. Nos dirigiremos a un público amplio interesado en podcasts de humor, mientras que tendremos numerosas oportunidades para hablar sobre nuestra maquinaria agrícola. Dentro de la extensa audiencia de amantes de la comedia, es probable que encontremos potenciales compradores de nuestra maquinaria agrícola. Este ejemplo se puede adaptar fácilmente a otros sectores.

El beneficio para nuestro avatar

Cuando te encuentres con el perfil de tu audiencia objetivo, es fundamental considerar cómo tu podcast puede mejorar su vida diaria. ¿De qué manera puedes enriquecer la rutina del perfil con tu podcast?

Puedes lograrlo proporcionando enseñanzas, como presentar información relevante en tu podcast que tu audiencia pueda aplicar directamente en su día a día.

Sin embargo, el simple entretenimiento también puede hacer que la vida diaria de tu audiencia sea más llevadera. A través de tu podcast, puedes animar su día y alegrarle la vida con historias divertidas. Reír juntos fortalece los lazos entre las personas.

Tu podcast también puede servir como fuente de inspiración. En el caso de nuestro podcast sobre agricultura mencionado anteriormente, podemos llegar también a aquellos que siempre han anhelado vivir en entornos rurales y para quienes la vida en una granja representa un sueño largamente acariciado. De esta manera, puedes motivarlos a perseguir esta pasión y sumergirse en la vida rural a través de tu podcast.

Conocimiento

Entretenimiento

Inspiración

Buscar título y lema

¿Cómo debería llamar a mi podcast? Esta es una de las principales interrogantes que surge al inicio del proceso de concepción. La elección del nombre de tu podcast es crucial, ya que debe permanecer memorable a largo plazo y no modificarse con demasiada frecuencia posteriormente, ya que esto podría afectar negativamente su reconocimiento y dificultar su descubrimiento en los motores de búsqueda.

Pero no te preocupes: con una buena lluvia de ideas, encontrar un título y un eslogan adecuados no debería ser complicado. El desafío radica en descubrir una perspectiva creativa que respalde de manera óptima la identidad de tu empresa. Si estás dirigiendo tu podcast como profesional independiente o como empresa, el nombre del podcast debe estar de alguna manera relacionado con la marca de tu negocio. En el caso de que tu podcast no esté vinculado a una empresa, puedes optar por elegir una palabra clave relevante bajo la cual deseas ser encontrado en las búsquedas de aplicaciones de podcasts, en lugar de enfocarte en la marca.

El nombre conlleva inevitablemente un equilibrio

entre la creatividad artística, que incluye la combinación más intrigante de palabras (por ejemplo, a través de juegos de palabras), y el enfoque de marketing.

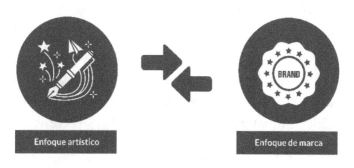

¿Cómo podemos combinar estos dos objetivos? La manera más directa de lograrlo es seleccionar un título creativo y artístico y fusionarlo con el nombre de nuestra empresa o una palabra clave relevante, si es necesario, al añadir simplemente un guion. Aunque pueda parecer simple inicialmente, en la práctica este enfoque suele ser efectivo y ha demostrado ser bien recibido tanto por los oyentes como por los motores de búsqueda.

Requisitos para un buen título

Además de la creatividad y el enfoque de marketing, existen otros aspectos a considerar al elegir el título. Por ejemplo, la longitud del título debe ser adecuada para que no se trunque en pantallas pequeñas como las de los smartphones, que son comunes para escuchar podcasts. Por lo tanto, las palabras clave significativas que sean fáciles de recordar para los oyentes, y especialmente los juegos de palabras llamativos, no deben situarse al final del título bajo ninguna circunstancia.

El título también debe ser fácil de memorizar para que las personas puedan recordarlo con facilidad. Imagina la situación en la que alguien conversa con amigos sobre podcasts y surge la pregunta: "Oye, ¿recuerdas ese podcast genial, cómo se llamaba?". Por lo tanto, es crucial que el título sea lo más atractivo y fácil de recordar posible. Si solo logras recordar una o dos palabras del título y estas están mal escritas por ser términos técnicos, resultará difícil encontrar el podcast cuando se realice una búsqueda en una aplicación. Por ello, es recomendable utilizar un título breve, simple y cautivador. De esta manera, la mayoría de las personas podrán recordarlo sin problemas.

Por supuesto, el título debe incluir todas las palabras clave relevantes por las cuales deseas que tu podcast sea encontrado en las búsquedas de aplicaciones de podcasts: En mi caso, es simplemente el nombre de marca "kurt creativo". Quiero que me encuentren bajo este nombre en las búsquedas, por eso lo he incorporado al título. Si, en cambio, deseas ser hallado por otra palabra clave, como SEO o gestión de proyectos, debes asegurarte de que este término también esté presente en el título de tu podcast.

Estructura de un episodio

Una vez que hayas definido el tema, el título y el eslogan de tu podcast, es el momento de planificar la estructura de tu episodio. Existe un formato que ha demostrado ser efectivo en el ámbito de los podcasts y que resulta especialmente adecuado para los podcasts corporativos. Me gustaría compartirlo contigo aquí.

Cada episodio de podcast debe comenzar con un teaser. En los medios de comunicación, un teaser es una breve introducción a un tema específico que motiva a los oyentes a continuar escuchando. Como todos sabemos, lo más cautivador suele venir después de los comerciales, como lo experimentamos en la radio o la televisión. De manera similar en los podcasts, buscamos un fragmento emocionante del episodio y lo incluimos antes de la introducción durante la producción para despertar la curiosidad de los oyentes. También es común anunciar al inicio de qué se tratará el episodio y ofrecer un adelanto breve y emocionante.

A continuación está el intro. No debe ser confundido con la introducción. Es un elemento de producción fijo y se puede comparar con el jingle inicial de un programa de radio o televisión, algo familiar en programas destacados de entrevistas. En estos casos, el intro incluye el nombre del programa, del presentador y posiblemente un eslogan. Dado que el intro es una parte constante que aparece en cada episodio del podcast, debe ser lo más breve posible. Lo ideal es que sea grabado por un locutor profesional para destacarse del resto del podcast. No es recomendable que el presentador pronuncie el intro, ya que esto podría confundir a los oyentes y dar una impresión poco profesional. Por eso, siempre se sugiere que el intro sea producido por un profesional o, al menos, que lo pronuncie otra persona. Puedes crear tu propio intro, o puedes encargarnos directamente la producción de tu introducción y elegir entre diversos actores de doblaje profesionales. Las demos en nuestro sitio web pueden darte una idea de cómo estructurar y qué tono debe tener un intro profesional, especialmente si se trata de un podcast corporativo.

Materiales del libro

www.kurtcreativo.es/materiales-ppn

Luego viene la introducción. En este caso, implica el saludo personal y la presentación del tema del podcast por parte del propio presentador. La introducción debería ser lo más personal posible y avivar el interés sobre el contenido del episodio del podcast. En una entrevista, se suele presentar al invitado y darle la bienvenida en la introducción. También se pueden compartir algunos antecedentes del podcast y volver a grabar esta sección en cada episodio para contextualizarla con el tema actual.

Después de la introducción, llegamos a la sección de contenidos principal, donde proporcionamos valor para el usuario. Este valor añadido para los oyentes puede ser en forma de información o entretenimiento, quizás a través de una entrevista, una historia fascinante u otras formas narrativas. Cualquier elemento que pueda enriquecer o hacer más sencilla la vida cotidiana de nuestro oyente objetivo, mencionado anteriormente en este libro, es potencialmente válido.

La llamada a la acción es crucial en los podcasts empresariales. Se trata de una invitación, generalmente con una intención publicitaria. Esta llamada puede estar ubicada en el medio o al final del episodio del podcast. Por ejemplo, podríamos dirigir a los oyentes a obtener más información sobre el tema tratado en el episodio: un estudio, un seminario web, un taller o un servicio específico. Incluimos el enlace en las notas del programa (puedes encontrar más detalles al respecto en el capítulo sobre la distribución de podcasts) para que los oyentes puedan acceder fácilmente a él, evitando posibles errores.

El outro aparece de manera natural al concluir el episodio del podcast. Es el contrapunto del intro y cierra el podcast de manera profesional. Al igual que el intro, el outro también es un componente producido de manera sólida, preferiblemente grabado por un locutor profesional. En esta sección, podemos mencionar nuevamente nuestros otros canales, como Instagram o LinkedIn.

Elementos especiales

Para estructurar nuestro episodio de podcast, también existen algunos elementos distintivos que podemos integrar en la sección de contenido de cada episodio. Un teaser recurrente, por ejemplo, resulta apropiado. No solo se puede incluir un teaser al comienzo del podcast, sino que también se puede emplear varias veces a lo largo del episodio para mantener interesados a los oyentes. Esta estrategia funciona bien, por ejemplo, con una mención del tipo "A propósito, al final del podcast tendremos otro consejo especial de nuestro invitado, así que asegúrate de no perdértelo". Esta táctica puede aumentar de forma significativa la duración de escucha de tu podcast.

Asimismo, las categorías son un excelente recurso para la estructura de un episodio de podcast. Estas secciones son presentes en cada episodio y brindan a los oyentes una sensación de consistencia y confiabilidad. Con invitados interesantes, muchos oyentes estarán ansiosos por escuchar lo que el invitado tiene que compartir en precisamente esa sección. Especialmente en episodios de podcast más extensos (superiores a 25 minutos), las categorías resultan muy útiles para mantener el episodio organizado.

También podemos integrar puntos de interacción en nuestros episodios de podcast. Estos puntos específicos nos permiten solicitar a nuestros oyentes que interactúen directamente con nosotros como presentadores. Un ejemplo sencillo sería una pregunta común: "Por cierto, ¿tienes alguna opinión al respecto? Envíanos un correo electrónico o escríbenos en Instagram". También puedes invitar a tus oyentes a enviarte mensajes de voz por WhatsApp para luego reproducirlos en el siguiente episodio. Hay mucho margen para la creatividad con los puntos de interacción, lo que puede impulsar la participación de tus oyentes y fortalecer el sentido de comunidad. Dado que la construcción de comunidad es tan crucial, hay una sección dedicada a este tema en el capítulo "Distribución".

Podcasting para negocios

CAPÍTULO 2:
TRABAJO EDITORIAL

Investigación

Una vez que hemos definido el formato de nuestro podcast y comprendemos cómo estructurar los episodios, es momento de explorar temas específicos para cada entrega. En este capítulo abordaremos la redacción diaria. También explorarás cómo conseguir invitados interesantes para tu podcast, cómo mantener tu organización en el día a día y cómo perfeccionar tus habilidades como presentador de podcasts.

Brainstorming e inspiración

Antes de comenzar la investigación, es valioso realizar una primera sesión de lluvia de ideas. El lugar donde llevas a cabo esta sesión es crucial para estimular tu creatividad. Por lo tanto, reflexiona inicialmente sobre: ¿Dónde surgen tus mejores ideas? ¿Dónde encuentras inspiración de manera natural para nuevos y geniales proyectos? ¿O incluso para elegir un nuevo destino de vacaciones? Ya sea en un ámbito personal o profesional, lo relevante es que identifiques los entornos específicos donde tu creatividad surge de manera espontánea.

¿De dónde sacas tus mejores ideas?

Claro, hay algunas personas que tienen esas ideas en sus escritorios, pero es probable que sean muy pocas. Para la mayoría, estas ideas probablemente surjan en varios lugares de su vida cotidiana: como en la ducha, durante paseos, en vacaciones o en la playa.

Personalmente, a mí me encanta viajar por España, y a menudo se me ocurren las mejores ideas para futuros proyectos durante esos viajes. No importa dónde estén esos lugares ni cómo sean; lo relevante es que tengas un método sencillo para capturar tus ideas creativas en esos momentos. Toma nota de todos esos pequeños y grandes destellos de inspiración y recógelos primero para analizarlos más tarde. Puedes hacerlo de forma tradicional con un cuaderno de notas, digitalmente en la aplicación de notas de tu teléfono inteligente, o tal vez en un documento compartido de Google Docs donde puedas brainstormear con tus colegas.

Investigación y fuentes de información

Una vez hemos generado una colección aproximada de ideas creativas en nuestra sesión de lluvia de ideas, es momento de identificar ocasiones específicos para nuestros episodios de podcast. Para lograrlo, es fundamental recopilar toda la información externa disponible. ¿Dónde podemos hallarla?

Los principales medios de comunicación son lugares idóneos para obtener esta información. A través de ellos podemos mantenerte al tanto de los eventos mundiales y asuntos sociales, seleccionando luego cuáles son relevantes para el tema de nuestro podcast. Por ejemplo: con la creciente tendencia del trabajo a distancia, podría explorar este tema en mi podcast y analizar cuántas personas en el campo de los medios de comunicación están adoptando esta modalidad y qué avances se han visto en este ámbito específico.

Los medios especializados son más específicos en su enfoque. Están dedicados a un sector particular y nos proporcionan una visión general de los temas más relevantes que se están discutiendo en nuestra propia industria. En la industria de los medios de comunicación, por ejemplo, los temas candentes actualmente son la inteligencia artificial y la economía de los creadores. Puedo abordar directamente estos temas en mi podcast.

También podemos emplear las opiniones de nuestros oyentes, que nos llegan a través de correos electrónicos, redes sociales o incluso en persona. Por ello, es fundamental contar siempre con un canal de comunicación para los oyentes y revisarlo con regularidad. Los comentarios de nuestra audiencia son la mejor manera de entender cuáles temas son verdaderamente relevantes para nuestro grupo objetivo en ese instante.

También podemos establecer internamente una lista de temas, por ejemplo, de manera totalmente analógica a través de un buzón de sugerencias en el pasillo o en la zona de descanso: cada empleado puede compartir allí sus propuestas de temas, y como podcaster, puedes revisarlas periódicamente. Claro, esto también es factible de forma digital a través de un correo electrónico compartido o un canal en Slack. Es crucial que esta recopilación de temas sea de fácil acceso, ya que estas ideas generalmente no surgen al presionar un botón durante una reunión de equipo, sino en algún momento cotidiano intermedio.

Fuera de la burbuja del filtro

También te sugiero que, siempre que sea posible, salgas de tu propia zona de confort al investigar, ya que nuestra perspectiva personal puede distorsionar fácilmente qué temas son realmente relevantes para nuestro público objetivo. Durante la sesión de lluvia de ideas, es crucial considerar los aspectos que desempeñan un papel crucial en la realidad de la vida de tu audiencia. Probablemente, estos temas difieran significativamente de aquellos en tu vida personal. Todos vivimos en nuestra propia burbuja de filtros, la cual suele ser validada por nuestro círculo cercano. Por lo tanto, resulta muy beneficioso conversar con frecuencia con personas fuera de esta burbuja, quienes quizás llevan una vida y tienen trabajos completamente distintos, para descubrir qué es relevante en sus vidas en ese momento. Si estas personas forman parte de tu público objetivo, puedes verificar fácilmente con ellas cuán pertinente les resultan los temas de tu podcast. Esta interacción seguramente te brindará nuevas ideas que quizás no habías considerado desde el principio.

¡Salga de la
burbuja del filtro!

Reciclaje de contenidos

Además de investigar nuevos temas, también puedes, por supuesto, simplemente "reciclar" contenidos que hayas creado anteriormente con un propósito diferente.

Los vídeos de YouTube que ya has publicado son útiles para esto. Tal vez aún conserves los guiones de los vídeos o puedas crear un breve resumen con viñetas a partir del material grabado. Este resumen te proporciona una sólida base, y luego puedes buscar a un experto en el tema y invitarlo a participar en tu podcast.

Las publicaciones de blog también son una excelente opción para reutilizar contenido. Puedes transformar una entrada de blog en un episodio individual simplificando el contenido en viñetas y empleando estas viñetas como estructura para guiar tu moderación. Si te resulta cómodo contar historias personales, también puedes utilizarlas para enriquecer los puntos principales con tus experiencias.

Quizás ya hayas llevado a cabo entrevistas por escrito con personas y podrías solicitarles otra entrevista para tu podcast sobre el mismo tema. Por supuesto, reutilizar contenido es mucho más sencillo en la dirección opuesta: puedes transformar con facilidad una entrevista de podcast en una entrevista escrita utilizando un software de transcripción.

Los manuales internos suelen contener una gran cantidad de conocimientos meticulosamente investigados que puedes emplear como base para un episodio de podcast. Por supuesto, ¡no deben ser confidenciales! En nuestra empresa, por ejemplo, contamos con un proceso interno estándar para configurar la hospedaje de podcasts. Recientemente, he creado un vídeo en YouTube sobre este tema (la configuración del alojamiento es muy visual debido a los numerosos detalles técnicos; un tema más apropiado para un podcast sería, por ejemplo, el "calendario de investigación de invitados").

En muchas empresas hay una gran cantidad de conocimientos no registrados, es decir, experiencia práctica que se ha acumulado con el tiempo y se ha transmitido de persona a persona. Aunque estos procesos no estén documentados, es posible convertirlos en episodios de podcast (siempre y cuando el tema sea relevante para el público objetivo). Con el podcast, este proceso originalmente no documentado queda registrado por primera vez: ¡otro beneficio interno para tu empresa!

Las historias de café también son muy valiosas. Son relatos que la gente comparte en el equipo o que se discuten animadamente en la sala de descanso o después del trabajo. Estas historias surgen de la vida cotidiana y suelen ser un punto de partida muy interesante para episodios de podcast. Además, es probable que en tu propio equipo haya alguien adecuado que podría ser un potencial invitado para una entrevista.

Otra fuente de conocimiento previo son los seminarios. ¿Has dado alguna vez un seminario sobre temas relacionados con tu podcast? En ese caso, puedes utilizar las diapositivas de PowerPoint o los guiones que ya has creado como base para tu investigación temática. Sin embargo, ten en cuenta que un seminario suele cubrir muchos puntos que son demasiado extensos para un solo episodio de podcast. Por lo tanto, es preferible dividir el contenido del seminario en secciones más pequeñas y luego decidir individualmente cuáles son apropiadas para tu podcast. Con los temas de este seminario podrías crear 20 o 30 episodios de podcast.

Buscar invitados

Los invitados son el condimento esencial de un podcast emocionante. Un invitado aporta vida a tu podcast con su perspectiva única, haciéndolo más dinámico, ya que no solo eres tú quien habla, sino que se desarrolla una conversación real. Además, puedes aprovechar los efectos de red en cuanto a difusión, ya que es probable que tu invitado comparta el episodio en su propia red, ampliando así tu alcance. Por tanto, hay tres buenas razones para no depender únicamente de episodios en solitario a largo plazo, sino para ir incluyendo gradualmente a invitados interesantes. En esta sección del libro, aprenderás cómo llevar a cabo este proceso de la mejor manera. Veremos quién es apto como invitado, cómo encontrarlos y cómo optimizar el proceso de reclutamiento de invitados.

Expectativas de los invitados adecuados

Para empezar, veamos quién sería un invitado adecuado para el podcast. No cualquier persona que disfrute hablando es necesariamente el invitado correcto para un podcast. Especialmente si estamos dirigiendo un podcast empresarial con objetivos de marketing específicos, no podemos invitar al azar a cualquier persona disponible. Primero debemos asegurarnos de que este posible invitado se ajuste verdaderamente a los objetivos de nuestro podcast. Hay varios criterios prácticos para esto, los cuales resumo en esta sección.

En primer lugar, el invitado debe estar alineado con los valores de nuestra marca. Esto es de suma importancia. No tiene sentido invitar a alguien que represente valores completamente opuestos a los de nuestra marca. Un invitado así podría dañar rápidamente la credibilidad de nuestra empresa y muchos se preguntarían: "¿Por qué la empresa le daría voz a alguien así en el podcast?". Por ejemplo, en un podcast de Greenpeace, sería poco probable que un lobista petrolero pudiera expresar sus puntos de vista sin un contrapunto; al menos no de manera casual, a menos que se busque deliberadamente generar un debate polémico en ese episodio. Sin embargo, moderar una discusión así supone un gran desafío y existe el riesgo de que la imagen del invitado pueda dejar una impresión en nuestra empresa. Por ello, siempre es fundamental verificar si el posible invitado está en sintonía con los valores de nuestra marca y comparte un sistema de valores similar. ¿Cómo conseguir entonces invitados que cumplan con estos requisitos?

Además, es deseable que el invitado cuente con una historia exclusiva y conmovedora, algo que no se haya oído en todas partes. O bien, que tenga un punto de vista intrigante y poco convencional. Quizás el invitado haya tenido una experiencia particular y distinta que no es común escuchar a diario. Estos relatos y perspectivas exclusivas hacen que tu episodio de podcast sea más relevante y se destaque entre las múltiples entrevistas sobre el mismo tema.

También es importante que el invitado esté dispuesto a compartir su historia con nosotros. Si, por el contrario, el invitado se muestra reservado durante la entrevista y enfatiza repetidamente que no desea o no puede hablar sobre ciertos temas, esto disminuye considerablemente el valor y puede defraudar a los oyentes. Por lo tanto, es crucial aclarar con el invitado de antemano si está dispuesto a discutir los temas de interés. Esto es especialmente relevante para historias exclusivas que no se han compartido públicamente antes.

Por supuesto, es importante asegurarse de que el invitado no vaya en contra de nuestros propios objetivos de marketing. Aunque parezca obvio, quisiera destacar este punto: es preferible no invitar a competidores o rivales. Personalmente, me pasó una vez que concedí una entrevista a otro productor de podcasts y el resultado fue un artículo editado en el que él presentaba su propio podcast y usaba mi entrevista como parte de su contenido. Al final, solo se incluyeron breves fragmentos de nuestra conversación. Obviamente, eso no me resultó beneficioso. Por otro lado, he tenido experiencias positivas con personas de sectores afines. En mi caso, he trabajado con preparadores de discursos, periodistas y presentadores. Ellos no ofrecen productos o servicios que compitan directamente con los míos, pero están estrechamente relacionados con lo que mi empresa ofrece.

También es muy ventajoso que el invitado tenga una red amplia. La mayoría de los invitados comparten los episodios del podcast con su entrevista en sus propias redes. Esto nos permite alcanzar a un público diferente y amplio que posiblemente no conocía nuestro podcast previamente, lo que aumenta significativamente nuestra audiencia. Al mismo tiempo, el invitado se beneficia al ser más reconocido entre nuestros oyentes a través de su participación en nuestro podcast, y posiblemente incluso puede captar uno o dos nuevos clientes gracias a su colaboración con nosotros.

Este método no solo implica compartir activamente el episodio de podcast en la red del invitado, sino también aprovechar el tráfico de los motores de búsqueda. Si incluimos el nombre de nuestro invitado en el título del episodio del podcast, este será indexado por motores de búsqueda como Google. De esta forma, cuando se busque el nombre del invitado, nuestro episodio del podcast también aparecerá como resultado de la búsqueda en algún momento. Esto nos permite ampliar aún más el alcance de nuestro podcast.

Nombre del Invitado   🔍

Invitado - sitio web oficial

Invitado en el podcast

Para que puedas verificar de manera sencilla en la práctica los criterios específicos de un invitado adecuado para un podcast, encontrarás una lista de verificación clara en los materiales de este libro.

Materiales del libro

www.kurtcreativo.es/materiales-ppn

Estrategias para encontrar invitados

Ahora que conocemos los criterios que definen a un invitado adecuado para un podcast, la siguiente interrogante es, por supuesto, ¿dónde podemos encontrar con mayor facilidad a estos invitados? Me gustaría compartir contigo diversas formas que han demostrado ser efectivas en la práctica.

La manera más evidente es, por supuesto, tu propia empresa. En empresas grandes, simplemente puedes preguntar a tus colegas quién tiene una historia interesante para compartir o quién es reconocido internamente por tener una. En caso de que seas un empresario individual, este recurso naturalmente es limitado. Sin embargo, seguramente tienes algunos colegas con los que has trabajado o compartido ideas, quienes también podrían ser invitados aptos para un podcast.

Tu propia red de contactos (tanto en línea como fuera de línea) será de gran ayuda para encontrar los primeros invitados para tu podcast. Solo necesitas revisar tu lista de contactos y preguntarte quién entre ellos tiene una historia fascinante que pueda enriquecer la experiencia de tus oyentes. También puedes consultar a contactos prometedores si conocen a algún posible invitado que puedan recomendarte.

Asistir a eventos del sector también es una excelente manera de encontrar posibles invitados en tu campo. En el ámbito de los podcasts, por ejemplo, puedes mencionar el evento "All Ears" de Spotify, una conferencia anual sobre podcasts que se lleva a cabo en Berlín. Seguramente en tu industria habrá eventos similares. En estos eventos, puedes aproximarte a otros asistentes, entablar conversaciones y descubrir si alguno de ellos tiene una historia interesante que pueda enriquecer tu podcast.

Una vez que hayas realizado tus primeras entrevistas, el siguiente paso, por supuesto, son las recomendaciones. Al final de la entrevista, puedes consultar a tus invitados si conocen a alguien más en su red que estaría interesado en participar en un podcast. Es una manera sencilla de ampliar tu red de contactos.

Una vez que tu podcast haya alcanzado cierta popularidad, puedes considerar contactar directamente a posibles invitados, empezando por aquellas personas que estén siendo destacadas en los medios de comunicación en el momento. Si lees u escuchas acerca de alguien interesante en los medios que tenga una historia relevante para tu audiencia, busca su información de contacto en línea (la mayoría de las figuras públicas tienen su propio sitio web o perfiles en redes sociales) y envíales una solicitud de entrevista. La ventaja es que estas personas ya cuentan con experiencia en los medios de comunicación.

Además, los autores de libros suelen ser invitados muy demandados, como sabemos por los programas de entrevistas, especialmente cuando han lanzado un nuevo libro. Esto se debe a que naturalmente desean promocionarlo en tantos lugares como sea posible para alcanzar potenciales compradores. Por lo general, tienen una interesante narrativa sobre su libro actual y son háster en contar historias. No obstante, es importante asegurarse de que los autores no conviertan la entrevista en una mera estrategia de promoción personal.

Otra opción que a menudo se pasa por alto son otros podcasts que tratan temas similares. Simplemente investiga formatos relacionados dentro de tu nicho y toma nota de los invitados más interesantes que han tenido. Desde luego, también puedes contactar a estos invitados y hacer referencia a sus entrevistas previas en otros podcasts. Este enfoque es común en los principales medios de comunicación. Si tienes suerte, la entrevista en el otro podcast puede haber dejado algunos temas abiertos que luego pueden ser discutidos en tu propio podcast.

Y, claro está, también puedes contactar a otros presentadores y sugerirles una colaboración. Esta práctica es bastante común entre los influencers, ya que les permite a ambas partes beneficiarse de la audiencia del otro colaborador. Por supuesto, este enfoque solo es efectivo si el presentador está alineado con los valores de tu marca y no va en contra de tus objetivos de marketing, es decir, si cumple con los criterios generales de un buen invitado.

Lo que no te recomendaría son las plataformas especializadas en invitados o los grupos de Facebook destinados al "intercambio de invitados", ya que en muchos casos su principal enfoque es la autopromoción por parte de los invitados. Muchos buscan aparecer en tantos podcasts como sea posible para promocionar sus propios productos. En la mayoría de los casos, el contenido que ofrecen no resulta tan emocionante. Por lo tanto, te insto a que hagas el esfuerzo de investigar por tu cuenta, y te sorprenderá la cantidad de personas dispuestas a contribuir a tu podcast con una historia exclusiva y sin buscar beneficios personales.

Un consejo adicional: por supuesto, los invitados estarán más inclinados a aceptar una entrevista si te pones en su posición y les resaltas algunos de los beneficios que obtendrán al participar en tu podcast. Esto podría implicar un mayor alcance, por ejemplo, o el hecho de que la entrevista genere un valioso contenido que el invitado también puede emplear para sus propios propósitos e incluir en su sitio web, por mencionar uno de los beneficios.

La escalera de invitados

Especialmente al principio, puede resultarte complicado atraer a invitados interesantes si tienes un podcast relativamente desconocido y menos de 5 episodios publicados. Esta es una situación común, ya que para los invitados puede ser difícil comprender tus objetivos y en qué se están involucrando, basándose en tan pocos episodios. Por eso, es recomendable comenzar con invitados que ya confíen en ti desde otros ámbitos. Con el tiempo, puedes pasar gradualmente a trabajar con invitados más difíciles de conseguir. Personalmente, me gusta ilustrar este proceso con lo que denomino la "escalera de los invitados".

¡Sube la
escalera de invitados!

En el primer escalón de esta estrategia, comienzas con colegas de tu empresa actual u otras personas con las que ya tienes una relación establecida. Esta es la manera más sencilla de presentarles tu proyecto de podcast, ya que conoces su potencial como invitado y cuentas con una base de confianza sólida.

Posteriormente, puedes seguir con tu propia red de contactos. Puedes compartir tus primeros episodios de podcast en tus redes sociales o enviar mensajes personales, de esta forma, los posibles invitados tendrán una idea de qué esperar de una entrevista contigo.

El siguiente paso son las recomendaciones personales. Si has tenido invitados interesantes en tu podcast que provienen de tu red, puedes pedirles recomendaciones. Con el tiempo, estarán más dispuestos a compartir esas sugerencias con confianza.

Cuando hayas logrado un cierto grado de popularidad, podrás entablar conversaciones con personas en eventos del sector y lograr que se entusiasmen con tu podcast. Es probable que para ese momento ya hayas construido cierto reconocimiento, por lo que no será la primera vez que escuchen acerca de tu podcast. Recuerdo que una cliente me mencionó que incluso habían hablado de tu podcast en un evento del sector. Al alcanzar este nivel de reconocimiento, tendrás más confianza para acercarte a invitados más destacados, como autores de libros o personalidades conocidas.

Presentación

Para ser presentador de un podcast, hay opiniones divididas: a algunos les emociona mucho y no les intimida hablar frente al micrófono, mientras que a otros les da mucho miedo la idea. Esto se debe a que muchas personas imaginan la moderación como algo bastante artificial y, por ende, desconocido. No obstante, la moderación no difiere tanto de una conversación normal. La clave reside en que esta charla no solo se desarrolla entre el invitado y el presentador, sino también con los oyentes imaginarios. En este capítulo, descubrirás cómo puedes adaptarte de la mejor manera a esta dinámica y dominar la moderación de tu podcast con diversión y facilidad.

La gente quiere a la gente

La primera idea fundamental que me gustaría compartir contigo es la siguiente: la gente se interesa por la gente. Especialmente en este tiempo de reuniones por Internet y videoconferencias, es probable que recuerdes diversas conversaciones. Seguramente algunas fueron extremadamente dinámicas y atractivas, generando diálogos emocionantes y hasta entretenidos. A su vez, es probable que también recuerdes esas reuniones que resultaron ser monólogos interminables y aburridos que quizás ni captaron el interés del interlocutor. Al comparar estos dos tipos de interacciones, podrás identificar fácilmente los elementos básicos que determinan si una conversación es interesante o aburrida.

Lo que hace interesantes las conversaciones

En mi trayectoria profesional, he llevado a cabo diversas entrevistas a una variedad de individuos, ya sea como conductor yo mismo, como invitado, o como espectador. A partir de esta experiencia, he identificado algunos principios empíricos que considero cruciales para asegurar el éxito de una entrevista.

En primer lugar, preferimos escuchar a personas que sean auténticas y que también muestren sus emociones. Si alguien se limita a hablar solo de hechos sin expresar emociones genuinas, y si la otra persona parece estar fingiendo de alguna manera o se percibe como poco natural y tensa, entonces no resulta atractivo escuchar, pues no se puede establecer una conexión emocional. Por el contrario, cuando alguien habla con entusiasmo, disfruta riéndose, o comparte sentimientos que le han afectado de alguna manera, eso resulta sumamente interesante. Se vuelve más humano y es sencillo establecer una conexión en esos casos.

También nos atrae la gente que tiene metas específicas y trabaja activamente para alcanzarlas. Una persona que dice "quiero lograr esto o aquello en un año y estoy dando estos pasos para conseguirlo" resulta interesante, ya que transmite energía, la cual es siempre motivadora y contagiosa. Por otro lado, si alguien solo habla de posibilidades teóricas que podrían o deberían intentarse, falta un elemento crucial: la narración de historias. Contar historias es fundamental para que podamos identificarnos con una persona y su trayectoria.

En este entorno, también nos inclinamos naturalmente hacia aquellas personas que ya han alcanzado el lugar donde nosotros aspiramos a estar. Todos tenemos ídolos y modelos a seguir. Cuando los vemos en diferentes medios, como la televisión, revistas, o los escuchamos en la radio o podcasts, solemos quedar cautivados y podríamos escuchar sus ideas durante horas. Después de todo, las visiones de estas personas nos sirven de guía en nuestro propio camino.

También nos atraen las personas que poseen una visión única y especial sobre un tema. Preferiblemente, un tema del cual no escuchamos hablar en todas partes. En el caso de los invitados de un podcast, estas narraciones especiales son las que siempre destaco. Son sumamente relevantes para mantener una conversación estimulante, ya que escuchar cosas que ya hemos escuchado mil veces en otros lugares resulta aburrido; al final, sería una pérdida de tiempo abordar repetidamente el mismo tema sin ganar nuevas perspectivas. Por lo tanto, un tema singular o una perspectiva única siempre resultan muy interesantes.

Otra observación crucial es que solemos identificarnos fácilmente con personas que comparten valores similares a los nuestros. Por ello, es fundamental que tengas un buen conocimiento de tu audiencia objetivo, sus valores y creencias; y, por supuesto, que abordes los temas de tu podcast de manera que conecten con ellos y se sientan identificados.

Todos estos factores fundamentales son esenciales para el éxito de una conversación, y seguramente habrás notado que muchos de ellos son aplicables tanto a las entrevistas en podcasts como a las conversaciones habituales del día a día. Los criterios para la selección de invitados mencionados anteriormente en este libro también abarcan estos aspectos de manera bastante exhaustiva. Por lo tanto, al invitar a tu podcast a personas que cumplan la mayor cantidad posible de estos criterios, además de poseer carisma y ser afines a tu audiencia objetivo, podrás establecer fácilmente un sólido vínculo con tus oyentes.

La función del presentador

Como presentador, tienes una función fundamental y especial que desempeñar en el podcast. Eres el mediador en la conversación y debes conducir a dos partes simultáneamente a lo largo del episodio: a tus oyentes por un lado y a tu invitado por otro. Es crucial orientar a ambos en la conversación de manera que perciban que están en buenas manos y no se desvíen del tema principal.

Dirigirse a los oyentes

Para orientar adecuadamente a los oyentes hacia la entrevista, es recomendable conectarlos con su propia situación personal. Por lo tanto, al inicio de la entrevista, resulta óptimo describirles una situación familiar para que puedan relacionarse más fácilmente con el tema del episodio del podcast y establecer una conexión emocional de inmediato.

Además, es recomendable que utilices el lenguaje y el comportamiento del grupo al que te diriges como referencia para tu estilo de conversación. Puedes visualizar a tu audiencia ideal para reflexionar sobre cómo mantienen sus propias conversaciones cotidianas y usar ese estilo como modelo. Por supuesto, no se trata de fingir, pero al menos procura no alejarte demasiado en este aspecto.

De vez en cuando, es beneficioso tocar los valores, deseos y sueños de tus oyentes. Es posible que todos los integrantes de tu público ideal tengan anhelos como viajar por el mundo, poseer un automóvil específico o establecer una granja en el sur de Baviera. Incluso abordar estos temas ocasionalmente en tu podcast puede avivar las emociones de tus oyentes y fortalecer su conexión con tu programa.

Es igualmente crucial proporcionar una estructura clara a tus oyentes. Debes comunicarles en qué punto del podcast se encuentran, cuáles serán los temas que abordarán a continuación y cuánto tiempo pueden anticipar que durará. En la actualidad, en este ritmo tan acelerado, muchas personas se cuestionan si vale la pena invertir 30 minutos e incluso toda una hora en escuchar un episodio de podcast. Las bromas son siempre un excelente medio para orientar a los oyentes de un tema a otro durante el episodio.

Para retener el interés de tus oyentes, es esencial generar curiosidad de forma regular. Puedes lograrlo introduciendo elementos sorprendentes en tu podcast de vez en cuando, agregando contenido que no se encuentre en todos los episodios y que vaya más allá de lo esperado. Estas pequeñas sorpresas resultan emocionantes y motivan naturalmente a la audiencia a seguir escuchando.

Trabajar con los invitados

Principalmente, resulta crucial crear un entorno de conversación relajado y abierto para los invitados. Dado que la dinámica de la entrevista puede resultar desconocida para muchos, es importante mitigar la presión. Después de todo, no se trata de un interrogatorio, sino de una charla natural entre dos individuos con interés mutuo. No dudes en entablar una pequeña conversación informal antes de la entrevista para que el invitado se ajuste a la situación. Idealmente, la entrevista no debería tener lugar en una oficina austera y sin decoración, sino en un entorno más acogedor.

Anima a la narración vívida de historias. Al solicitar a tus invitados relatos personales, evita que sientan la presión de dar una presentación formal o simplemente relatar hechos como si fueran un portavoz de prensa. Interésate por sus experiencias personales genuinas. Dirige la conversación hacia aspectos fascinantes para brindarle al invitado la oportunidad de profundizar en los detalles. Este enfoque a menudo resulta en anécdotas entretenidas, y si la conversación se desvía demasiado, siempre puedes reconducirla de manera adecuada.

La historia personal del invitado puede ser integrada en la estructura del episodio del podcast. Si durante la investigación previa a la entrevista el invitado ha compartido una narración emocionante, puedes seguir esta historia cronológicamente en el podcast y usarla como base. Iniciar el episodio con un evento específico de la vida del invitado, con el cual los oyentes puedan identificarse, es recomendable. Posteriormente, relatar la brillante idea que llevó al invitado a su situación actual y los obstáculos encontrados en el camino puede conformar una historia típica de éxito con sus altibajos, ideal no solo para obras literarias y cinematográficas, sino también para un podcast cautivador.

En caso de que surjan situaciones complejas, es fundamental que hagas que las explicaciones sean accesibles para tu audiencia si es necesario. Por ejemplo, si el invitado emplea un lenguaje técnico que entiendes pero que tus oyentes no, sugiérele que simplifique la explicación de ese tema complicado, destacando que la audiencia podría no estar familiarizada con él. Para temas más sencillos de describir, también puedes intervenir brevemente tú mismo. De esta forma, te asegurarás de que todos comprendan claramente lo que el invitado está comunicando.

¿Puede ser más personal?

Por supuesto, un podcast también puede tener un enfoque más personal. Los podcasts son un medio sumamente íntimo y cercano, donde las historias personales suelen ser muy bien recibidas. Sin embargo, no siempre resulta sencillo obtener este tipo de relatos de los invitados. Para fomentar que la conversación adquiera un tono más personal y que el invitado se sienta cómodo alejándose de los temas habituales de marketing, me gustaría compartir contigo algunos consejos prácticos que han dado buen resultado.

Una buena manera de establecer una atmósfera de diálogo personal es mantener un tono de voz relajado. Evita leer la introducción de manera rígida y pasar directamente a la pregunta; de lo contrario, el invitado puede sentir que está en una entrevista muy formal. En cambio, comienza conversando un poco sobre la vida cotidiana y empleando un lenguaje natural y coloquial. Esta actitud se contagiará rápidamente a tu invitado, quien se expresará con mayor naturalidad.

Contar historias es una excelente manera de garantizar que el invitado exprese emociones y hable con vivacidad. La narrativa del invitado abarcará numerosas experiencias personales, incluyendo tropiezos ocasionales. Si le interrogas al invitado en detalle acerca de estas historias personales, es muy probable que logres obtener una visión exhaustiva de su personalidad.

Por supuesto, también puedes adoptar un tono lúdico en tu interacción con el invitado al introducir pequeños desafíos en la conversación. Los juegos de preguntas del tipo "Preferirías..." con interrogantes un tanto provocativos resultan útiles. Asimismo, solicitar al invitado que complete frases específicas puede ser una estrategia efectiva. Estas dinámicas fomentan la creatividad y promueven que el invitado exhiba más su personalidad.

Tomar notas claras

Una buena preparación resulta fundamental para el éxito de una entrevista. La forma en que te prepares detalladamente depende en gran medida de tu personalidad. Por eso, como presentador, es crucial que te conozcas bien a ti mismo. ¿Qué tipo de presentador eres? ¿Prefieres estar completamente preparado y seguir una estructura definida? ¿O más bien te inclinas por conversar de forma más libre y te limitas menos por estructuras y pautas? Reflexionar sobre esta cuestión es crucial, ya que determinará en gran medida cómo debes anticiparte para la entrevista.

¿Qué tipo de **presentador eres?**

Guía

Una estrategia útil es redactar una guía de apoyo. Consiste en anotar algunas palabras clave sobre los puntos que deseas tratar en el podcast y luego revisarlas de manera secuencial. Es preferible evitar redactar frases completas que luego se lean palabra por palabra, ya que esto tiende a generar una presentación demasiado rígida y restarle espontaneidad. Las palabras clave o temas principales son suficientes como referencia. Puedes ir "marcándolos" uno a uno durante la grabación. Esta guía es especialmente efectiva si te estás grabando en solitario para un episodio. También resulta útil en episodios donde cuentas con un copresentador que ha participado en la preparación. En estos casos, ambos tienen claridad sobre la dirección del episodio y pueden complementarse con mayor facilidad. En general, una guía te brinda una sensación de seguridad significativa.

Mapa mental

Si eres creativo, podrías optar por crear un mapa mental. Estarás familiarizado con los mapas mentales de lluvia de ideas. En este método, se coloca un término central en el medio de la página (o tabla) y se agregan ramificaciones para subtemas individuales. Cada uno de estos subtemas puede tener sus propias ramificaciones adicionales y, durante la conversación, puedes avanzar "de rama en rama", marcando los temas abordados. A medida que se van completando todos los temas, llega el momento de concluir el episodio. Usar un mapa mental otorga una estructura más flexible, permitiendo reaccionar con mayor espontaneidad ante cambios de tema.

Guía · Mapa mental

Uso del micrófono

Además de las técnicas generales de conversación, existen aspectos técnicos particulares a los que debes prestar especial atención cuando hablas frente al micrófono, los cuales difieren ligeramente de cuando te diriges al público en persona.

Uno de los puntos clave es mantener un volumen constante en todo momento. No es necesario ser extremadamente rígido y hablar siempre de la misma manera; puedes ser dinámico. Sin embargo, es importante ser consciente de cómo tu entusiasmo por un tema puede afectar las características técnicas de tu micrófono. Si te emocionas mucho y elevas el tono de tu voz, podrías saturar el micrófono rápidamente. Especialmente si hablas muy cerca de él o te ríes a carcajadas, es probable que se produzca una distorsión desagradable en la grabación debido a una sobrecarga causada por un nivel de entrada demasiado alto en el micrófono. Lo mejor es realizar una breve grabación de prueba antes de la primera entrevista y luego escucharla. Si percibes algún corte o distorsión, aumenta la distancia al micrófono ligeramente o baja el nivel de entrada si es posible.

Otro consejo comúnmente conocido es tomar un

vaso de agua antes de empezar a grabar. Consumir alimentos pegajosos o bebidas azucaradas tiende a adherir las mucosas de la boca, generando molestos ruidos (que se perciben como un chasquido fuerte durante la grabación). Aunque puedes intentar reducir estos sonidos posteriormente, resulta bastante difícil incluso con herramientas técnicas avanzadas. Por lo tanto, procura prevenir estos ruidos desde el principio y acondiciona tus mucosas y cuerdas vocales bebiendo un vaso de agua.

También recomendaría expresarte de manera vivaz y enfatizar con energía al hablar. En contenido auditivo, solo contamos con la impresión sensorial del oído sin ningún otro canal que pueda realzar nuestra percepción (a diferencia del video). Si estás especialmente feliz por algo, tu tono de voz alegre se transmite en el podcast, pero, por supuesto, no podemos ver tu sonrisa ni tus gestos faciales. Todo este aspecto se pierde en el audio, por lo que es útil enfatizar un poco más cuando te diriges al micrófono y permitir que tus emociones se manifiesten de forma audible. Esta acción es fundamental para estimular la imaginación de tus oyentes y conectar emocionalmente con ellos.

Mantiene constante el volumen

Bebe un vaso de agua

Habla de forma vívida y enfática

Un último consejo práctico: si sueles sentirte algo tenso frente al micrófono, tómate un tiempo para moverte antes de grabar, da un breve paseo por tu oficina o por el parque cercano. El movimiento físico infundirá energía a tu voz y automáticamente hablarás con mayor vitalidad y dinamismo. Si grabas temprano en la mañana, incluso podrías salir a correr antes.

CAPÍTULO 3: GRABACIÓN

Conceptos básicos

El mito del estudio profesional

Cuando los principiantes piensan en grabar un podcast, muchos imaginan grandes estudios con numerosos controles, botones y pantallas. Curiosamente, algunas agencias de podcasts también promocionan sus servicios con imágenes de este tipo, alimentando el mito del "estudio profesional", aunque la realidad es bastante diferente. Los podcasts pueden ser grabados con excelente calidad utilizando equipos muy simples, económicos y discretos. Incluso las principales emisoras de radio a veces utilizan equipos básicos para grabar sus programas. Por lo tanto, no te dejes llevar por las imágenes de archivo de estudios musicales que a veces aparecen en artículos sobre podcasting: no se asemejan en absoluto a la realidad de grabar un podcast.

Los tres factores del éxito de una grabación

¿Qué se requiere, en cambio, para grabar un podcast con éxito? Aquí tienes un resumen de los tres factores clave a considerar.

El primer factor es el entorno de grabación. El tipo de sala en la que grabas es crucial. En breve hablaremos con más detalle sobre lo que debes tener en cuenta.

El segundo factor es, por supuesto, el micrófono y el hardware. Es fundamental grabar tu podcast con un micrófono diseñado específicamente para podcasts. En los próximos capítulos, te mostraré modelos específicos que son idóneos para diversas configuraciones.

Y, por último, el tercer factor clave es el software. Requieres un software apropiado para grabar tu podcast y también una herramienta adecuada para editarlo posteriormente. En los próximos capítulos, recibirás recomendaciones concretas al respecto.

Entorno de grabación

Antes de adentrarnos en las configuraciones individuales y sus complejidades técnicas, vamos a tratar un factor universalmente relevante para todas las grabaciones y que posee similitudes importantes entre las distintas configuraciones de grabación: el entorno de grabación, es decir, el espacio donde se realiza la grabación. Es crucial prestar atención especial para evitar elementos que puedan impactar en la calidad de la grabación, como la reverberación de la sala y el ruido ambiental.

Reverberación

Cuando hablas en una habitación, el sonido se extiende desde tu boca por toda la habitación. Este fenómeno se visualiza claramente en el gráfico siguiente. La reverberación "rebota" en la pared y regresa a la pared opuesta. Este proceso se repite varias veces, generando el reconocido efecto de reverberación que lamentablemente se percibe al grabar en oficinas o salas de conferencias habituales.

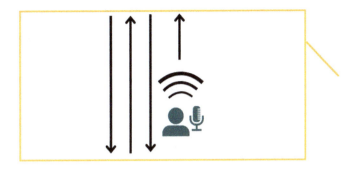

Por lo tanto, resulta muy útil adecuar la sala de manera que se pueda evitar este efecto de reverberación. Una manera de lograrlo es grabar en una habitación pequeña, ya que generalmente este tipo de espacios son menos propensos a la reverberación. Además, es recomendable seleccionar un lugar específico en la habitación que esté algo aislado del resto del espacio.

Para reducir aún más la reverberación en la sala, puedes colocar varios paneles absorbentes de espuma en diferentes esquinas. Estos absorbentes, comúnmente de color negro, son utilizados en muchos estudios y pueden adquirirse a precios asequibles en tiendas de música. Actualmente, también se encuentran disponibles en diversos colores y en materiales más avanzados, como el Basotect, que posee propiedades acústicas superiores incluso a la espuma convencional.

Otra medida simple para reducir la reverberación en las habitaciones es utilizar cortinas de tela y otros textiles. Los muebles tapizados, como sofás y camas, también suelen absorber eficazmente la reverberación.

Puedes observar lo que sucede en el diagrama siguiente. Al hablar frente al absorbente de espuma en la esquina, este absorbe gran parte de la energía del sonido, evitando así que se refleje. Luego, el sonido se desplaza hacia las cortinas opuestas, se refleja en el resto de la sala y finalmente pierde intensidad. Con el tiempo, el sonido se disipa en la habitación.

Así, podemos emplear métodos simples para asegurar un entorno de grabación sin reverberación ni eco, lo cual siempre favorece una alta calidad en la grabación.

Ruido de fondo

Otro elemento a considerar son los ruidos molestos del entorno. Ejemplos comunes incluyen el crujido de una silla, el zumbido del aire acondicionado o los ladridos de un perro. Las campanas de una iglesia, las sirenas de policía o el sonido del tráfico en general también son fuentes típicas de ruido ambiental. Personalmente, cerca de mi hogar hay una iglesia que suena todos los días al mediodía. Confiando en ello, planifico mis sesiones de grabación fuera de ese horario. No obstante, si te sorprende un ruido ambiental inesperado durante la grabación, es necesario pausar y reanudar más tarde, una vez que el ruido haya cesado.

Desde el inicio de la grabación, algunas medidas pueden ser tomadas para prevenir ciertos problemas, como apagar el aire acondicionado o seleccionar una silla que no produzca ruidos al moverse. De esta forma, también se puede gestionar adecuadamente el ruido de fondo.

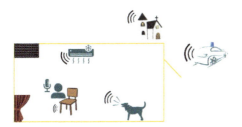

Resumen de las configuraciones de grabación

Ahora, vamos a explorar las diversas configuraciones técnicas para grabar tu podcast. Estas dependen principalmente de la estructura de tu podcast, es decir, si es un podcast en solo, co-presentado o de entrevistas. La elección de la tecnología será muy variada en cada caso.

La grabación en solo es la más simple desde el punto de vista técnico: consiste en grabar de manera habitual en una habitación con una sola persona.

Podemos extender esta configuración a una grabación remota. Conectamos a un invitado a través de Internet, quien cuenta con una configuración similar en solitario y se une a nosotros en línea. De esta forma, podemos llevar a cabo una conversación entre dos personas. Para lograrlo, requerimos el software apropiado, del cual hablaremos en mayor detalle en la sección destinada a la grabación remota.

Finalmente, también contamos con la grabación con invitados presentes. En este escenario, varias personas se reúnen en una sala para grabar el podcast. Por ende, se requieren múltiples micrófonos en esta sala y debemos grabar sus voces simultáneamente. Esto plantea otro desafío técnico, pero es fácil de solucionar.

También hay un formato especial: el podcast con vídeo. Dado que este formato presenta ciertos desafíos técnicos, lo abordaré por separado. En un podcast con vídeo, no solo grabamos el sonido, sino también la imagen. Debido a la complejidad añadida y a que el proceso de producción difiere significativamente, abordaré este tema en un capítulo aparte.

En los materiales de este libro, encontrarás una lista de tareas práctica para tu grabación. Te sugiero que la revises detenidamente con anticipación. De esta manera, te asegurarás de considerar todos los aspectos importantes y reducir la posibilidad de contratiempos en tu debut. Dado que una sesión de grabación como esta puede resultar a veces un tanto estresante, es recomendable repasar esta lista de verificación paso a paso, especialmente al principio, durante tus primeras grabaciones.

Materiales del libro

www.kurtcreativo.es/materiales-ppn

Grabación en solo

En este capítulo, abordamos la primera configuración de grabación específica: la grabación en solo. En esta modalidad, te grabas a ti mismo, sin la presencia de ningún otro invitado. La grabación en solo es la configuración más básica y, por consiguiente, ideal para quienes están empezando.

Ventajas de la grabación en solo

En comparación con otras configuraciones, la grabación en solo es principalmente simple y económica. Solo necesitas un micrófono y enfrentas pocos desafíos técnicos. Por ende, puedes comenzar a grabar en solo rápidamente. Esta configuración es especialmente adecuada para los primeros episodios de un podcast debido a su baja complejidad.

Por supuesto, también puedes realizar una grabación en solo de manera práctica mientras te desplazas, ya que solo necesitas llevar contigo tu micrófono y un portátil con software de grabación.

Con el software adecuado, también puedes extender sin complicaciones la grabación en solo a una grabación remota. No es necesario modificar nada más en la configuración técnica, solo usar una herramienta de grabación remota para incorporar a otro invitado.

Desventajas de la grabación en solo

Junto a sus múltiples ventajas, la grabación en solo presenta algunos inconvenientes. En episodios extensos, las grabaciones individuales tienden a tornarse monótonas con facilidad. Es más probable que pierdas la atención si no hay invitados involucrados. Por este motivo, se recomienda que los episodios en solo no superen los 25 minutos de duración.

Además, se requiere un alto nivel de elocuencia para hablar durante tanto tiempo continuamente, dado que no hay aportes externos que guíen tu discurso. Tampoco puedes participar en el intercambio habitual de ideas, como en los episodios copresentados, donde los participantes van intercambiando ideas entre sí. Desafortunadamente, esta dinámica no se produce durante una grabación en solo. Por lo tanto, es crucial estructurarte adecuadamente a lo largo de todo el episodio para llevarlo a cabo sin dificultades.

Hardware

¿Qué equipamiento necesitas para grabar en solo? A continuación, te presento una configuración que ha resultado muy satisfactoria para muchos de mis clientes.

Lo ideal es emplear un micrófono USB. La ventaja de los micrófonos USB es que, a diferencia de los micrófonos analógicos convencionales, no necesitas una interfaz adicional para conectarlos a la computadora. El micrófono USB viene con un cable USB apropiado que puedes conectar directamente al ordenador, evitando la necesidad de tecnología adicional. Un modelo muy recomendado es el RØDE NT-USB Mini, por ejemplo. Puedes encontrar el enlace en los materiales de este libro. Muchos de mis clientes utilizan el RØDE NT-USB Mini, ya que es especialmente idóneo para principiantes y ofrece una calidad de sonido excelente para los podcasts.

También es recomendable adquirir un soporte de mesa. Este tipo de soporte te proporciona mayor libertad de movimiento en tu escritorio y posiciona el micrófono a la altura adecuada para hablar.

También vale la pena invertir en un filtro antipop económico. Aunque el RØDE NT-USB Mini ya incluye una protección antipop básica, es recomendable utilizar un filtro antipop adicional delante del micrófono. En resumen, se trata de una pantalla de plástico con una delgada capa de tela estirada sobre ella. Este filtro reduce los sonidos explosivos, como las letras "P" y "K", que pueden generar ráfagas de aire al hablar y, de lo contrario, podrían saturar rápidamente el micrófono.

También vas a necesitar una computadora silenciosa para llevar a cabo las grabaciones. Verifica que la PC no produzca demasiado ruido, ya que de lo contrario este ruido se podría captar en el fondo de la grabación.

Los auriculares también resultan fundamentales. Es crucial poder escucharte mientras grabas, ya que facilita el control del nivel de grabación y te permite garantizar la calidad del sonido y prevenir posibles interferencias por cortes o ruidos de fondo.

Para la grabación en solo y, específicamente, para la configuración que se describe aquí, hay disponible una lista de compras ya preparada que puedes consultar en los materiales de este libro.

Materiales del libro

www.kurtcreativo.es/materiales-ppn

Organización

Para que tu grabación en solo sea lo más eficiente posible, me gustaría compartir contigo algunos consejos prácticos. Si produces podcasts de manera regular, es conveniente que establezcas un espacio de grabación fijo con condiciones acústicas óptimas. Identifica en tu habitación, oficina o estudio el lugar que presente mejor sonido, menos reverberación y menor ruido ambiental. Este espacio debería convertirse en tu área de grabación permanente en el futuro. De este modo, conocerás exactamente qué esperar y cómo abordar posibles fuentes de ruido de fondo para eliminarlas.

Para evitar interrupciones durante la grabación, lo más conveniente es visualizar el guión en el monitor. En mi caso, suelo realizar mis entrevistas en el escritorio donde tengo mi pantalla. Esto me permite desplazarme discretamente durante la entrevista o navegar por el documento con mis preguntas. Si prefieres usar papel, también puedes emplear un soporte para guiones donde sujetar las hojas.

Siempre debes usar audífonos mientras grabas para poder verificar el sonido y detectar ajustes necesarios en una etapa temprana.

Yo también recomendaría siempre hacer una breve prueba antes de la grabación oficial para descartar cualquier interferencia. Especialmente si algún dispositivo no está conectado correctamente o si un ajuste no está configurado adecuadamente, podrás detectarlo fácilmente en la prueba de grabación y corregirlo en consecuencia.

Software

Como software de grabación para tu proyecto en solo, te sugiero la herramienta gratuita Audacity, un programa de edición que está disponible para Windows, Mac y Linux. Con Audacity, puedes realizar grabaciones de calidad y exportarlas en formato WAV para su posterior edición y producción, aspectos que detallaremos en el próximo capítulo. El enlace de descarga de Audacity está disponible en los materiales de este libro.

Materiales del libro

www.kurtcreativo.es/materiales-ppn

Grabación remota

Ahora que hemos revisado la grabación en solo, este capítulo se enfoca en la primera configuración con invitados: la grabación remota. Puedes conectar a un invitado a través de Internet para llevar a cabo una entrevista o grabar un podcast en colaboración con un interlocutor habitual.

Ventajas de la grabación remota

La grabación remota presenta ventajas similares a la grabación en solo. Es una configuración técnica muy simple y económica.

La configuración también es fácil de transportar. Lo único que necesitas llevar contigo es el micrófono y el portátil de grabación, y podrás grabar remoto desde cualquier lugar del mundo con una conexión estable a Internet.

Cuando grabas de forma remota, puedes sostener conversaciones muy dinámicas y, al mismo tiempo, mantener una buena estructura. Esto se debe a que, en una entrevista a distancia, las personas tienden a interrumpir menos y permiten que el otro termine de hablar. Probablemente, esto se debe a que muchas personas se han acostumbrado a este tipo de interacciones durante las videollamadas y, finalmente, se encuentran en una situación similar durante una entrevista remota. Por lo tanto, si buscas una estructura sólida en tu podcast y menos intercambio de ideas espontáneo, la grabación remota es la elección adecuada.

La mayor ventaja, no obstante, es que la grabación remota permite sostener conversaciones sin importar la ubicación. No importa si tu invitado está en la misma calle, ciudad, país o en el otro lado del mundo. Verdaderamente puedes conectar con el invitado dondequiera que tenga una conexión estable a Internet, lo cual representa una ventaja significativa en comparación con la grabación en persona.

Desventajas de la grabación remota

No obstante, la grabación remota también presenta algunas desventajas. En todo caso, se requiere una conexión estable a Internet, y a veces los invitados pueden estar en situaciones donde esto no está asegurado, especialmente si varias personas están conectadas a la misma red Wi-Fi simultáneamente. Esto puede resultar en desconexiones repentinas que, por supuesto, son bastante molestas, ya que obligan a interrumpir la llamada.

El invitado también necesitará su propio micrófono y al menos un conocimiento técnico básico para utilizarlo. Muchos invitados suelen contar con unos auriculares de buena calidad gracias al uso extendido de las videollamadas, lo cual es suficiente para empezar. Sin embargo, algunos invitados podrían no disponer de un micrófono adecuado. En caso de duda, puedes enviarles un dispositivo en préstamo y explicarles cómo conectarlo al ordenador. Aun así, esto puede resultar algo complicado, especialmente para aquellos menos familiarizados con la tecnología, y podría requerir algo de orientación.

En última instancia, la situación de entrevista a distancia puede resultar incómoda para algunos invitados que tienen poca experiencia con videollamadas y no están muy familiarizados con ellas. Para ellos, los obstáculos técnicos pueden resultar abrumadores. En estas circunstancias, una entrevista en persona les sería más sencilla, ya que los aspectos técnicos estarían completamente bajo la responsabilidad del moderador.

Hardware

El equipo para la grabación remota es muy similar al de la grabación en solo. Es preferible emplear un micrófono USB. Dado que el invitado también tiene su propia computadora a mano, puede conectar un micrófono USB con la misma facilidad. El RØDE NT-USB Mini, que ya mencioné en la configuración para grabación en solo, es una buena opción para esto. Sin embargo, también se pueden utilizar otros modelos o unos auriculares de calidad.

Nuevamente, un soporte de mesa es útil para mantener el micrófono a la altura adecuada y tener espacio en el escritorio.

También es muy útil contar con un filtro antipop para prevenir la distorsión causada por los sonidos de las consonantes oclusivas.

También es importante usar un PC silencioso para las grabaciones remotas, de manera que no se capturen ruidos fuertes de fondo.

Los auriculares son realmente esenciales para grabar a distancia, ya que necesitamos escuchar a nuestro invitado. Si optamos por altavoces, el sonido del invitado se captaría también por nuestro micrófono, generando un molesto eco. Por eso, durante las grabaciones remotas, siempre usa auriculares.

En los materiales también hallarás una lista de compras para la grabación remota, la cual incluye todos los componentes técnicos que sugiero en la configuración presentada aquí.

Organización

Incluso al grabar a distancia, es ideal contar con un espacio de grabación designado. Un fondo neutro es siempre recomendable, especialmente si la grabación incluye vídeo. Puede tratarse de una pared lisa o una pantalla retráctil. Si no te importa mostrar un poco de tu casa u oficina, no hay ningún problema; al fin y al cabo, es simplemente cuestión de preferencias.

Para poder ver a tu invitado en el vídeo, es recomendable siempre usar una cámara web, preferiblemente colocada encima de tu monitor. En realidad, la calidad de la cámara web no es relevante en este caso, puesto que solo estamos grabando la pista de audio para el podcast en sí.

Además de ti, el invitado también debe usar auriculares. Dado que la mayoría de los invitados no están familiarizados con los detalles técnicos, es conveniente explicarles la importancia de esta medida (para prevenir los efectos de eco).

Una vez estés conectado con el invitado, recomendaría hacer una breve prueba de grabación para descartar cualquier interferencia. Si hay algún problema de conexión durante el proceso, detén la grabación de inmediato. También puedes acordar con tu invitado, antes de comenzar la grabación, que te informe si detecta algún problema de transmisión. Estas pausas breves se pueden eliminar fácilmente más tarde, pero mantener una grabación de audio continua siempre es prioritario. Por ello, es importante identificar de inmediato la causa de cualquier inconveniente de conexión.

Si el invitado no cuenta con un buen micrófono propio, también puedes enviarle un dispositivo en préstamo, como se mencionó anteriormente. Por ejemplo, suelo utilizar el RØDE NT-USB Mini con mis invitados, que envío en un paquete pequeño, ya que es sencillo de configurar y usar. De esta manera, me aseguro de que tengan acceso a un micrófono de calidad.

Software

Esta vez vamos a emplear una herramienta para grabación remota. Te recomiendo el programa Riverside, el cual ofrece una calidad de sonido excelente y está diseñado específicamente para grabar podcasts. Muchas personas suelen grabar sus entrevistas de podcast a distancia utilizando herramientas de reuniones como Zoom o Teams, que presentan una calidad de sonido realmente deficiente. Una vez que hayas grabado con Riverside, notarás la diferencia de inmediato. Esta herramienta captura a ti y a tu invitado con la mejor calidad de formato WAV y también incluye algunas funciones prácticas adicionales. Tendrás la posibilidad de ver a tu invitado en el vídeo y se generará una copia de seguridad de la grabación en tus ordenadores localmente, lo que la mantiene segura de fallos, incluso si experimentas problemas de conexión a Internet. Puedes encontrar el enlace a Riverside.

Materiales del libro

www.kurtcreativo.es/materiales-ppn

Después, puedes editar nuevamente la grabación remota utilizando el programa gratuito Audacity. No difiere mucho de la edición en solo, excepto por el hecho de que contamos con dos pistas paralelas como base. En los materiales de este libro, encontrarás un enlace a Audacity. En el próximo capítulo, te familiarizarás con el proceso de edición en detalle.

Grabación con invitados en sitio

En esta sección se aborda la tercera configuración de grabación: Grabación con invitados en sitio. Ya sea un episodio con copresentadores o invitados externos, al grabar en sitio todos se encuentran juntos en la misma ubicación. Esto implica varias diferencias y desafíos técnicos. Sin embargo, con una preparación adecuada, se pueden superar fácilmente.

Ventajas de la grabación in sitio

Claro, grabar con invitados en persona es la forma más natural de conversar, ya que tienes contacto directo con ellos. Te permite sentir como si estuvieras teniendo una conversación cotidiana, lo cual suele ser muy relajado. Además, es más sencillo captar y añadir puntos a la conversación del otro. A diferencia de grabar de forma remota, donde puede haber dificultades para hablar o un ligero retraso en la transmisión, grabar en persona es más directo y espontáneo. Esto añade una gran dosis de naturalidad a la grabación.

Tanto el presentador como un técnico pueden asegurar en todo momento la calidad del sonido de la grabación, evitando que los invitados tengan que preocuparse por instalar, conectar y manejar un micrófono por su cuenta.

Por supuesto, los clientes pueden simplemente sentarse y relajarse sin tener que preocuparse por temas técnicos. Esto reduce significativamente la barrera de entrada para muchos y crea un ambiente más acogedor y familiar para ellos.

Desventajas de la grabación in sitio

Garbar con invitados en persona también presenta ciertos inconvenientes. Requiere un esfuerzo técnico mucho mayor que grabar solo o remoto. Se necesitan múltiples micrófonos y, por supuesto, trípodes para ubicarlos en la sala. En consecuencia, esto implica costos de inversión más altos.

Asimismo, puede resultar complicado fijar una fecha, especialmente si el invitado no reside en la misma ciudad que el presentador. Además, por supuesto, implica realizar un viaje.

La conversación puede desviarse fácilmente de su estructura debido a la espontaneidad y fluidez del momento. Por esta razón, es crucial asegurarse de que tanto los invitados como los oyentes mantengan una visión general y de que la conversación no se extienda más de lo necesario.

Durante la pandemia de coronavirus, también surgen barreras legales o naturales que dificultan las visitas entre varias personas.

Hardware

Cuando grabamos con invitados en sitio, el hardware necesario es fundamentalmente diferente al utilizado en grabaciones en solo. Aunque seguimos necesitando micrófonos, en este caso no empleamos micrófonos USB, dado que generalmente no es posible conectar múltiples micrófonos USB al ordenador utilizando el equipo estándar. Por ello, optamos por micrófonos analógicos que suelen tener una conexión XLR con tres polos. Personalmente, prefiero los micrófonos dinámicos Sennheiser E 835, ya que son excelentes tanto para las voces como para las entrevistas en los podcast, debido a su durabilidad y su capacidad para reducir el ruido ambiente y la reverberación de la sala. Este tipo de micrófonos nos permite obtener buenos resultados, especialmente en entornos acústicamente desafiantes, y lograr una calidad de sonido satisfactoria.

Además de los micrófonos, también requerimos un protector antipop para cada uno de ellos. A diferencia de los micrófonos USB convencionales, este protector tiene un diseño distinto. Se coloca en la cápsula del micrófono, está fabricado con espuma y, al igual que en el caso de otros micrófonos, su función es reducir los chasquidos a un nivel aceptable.

Para conectar estos micrófonos, requerimos cables XLR apropiados. Estos cables se conectan a un extremo de nuestros micrófonos y al otro extremo a una grabadora externa.

Siempre es recomendable emplear una grabadora externa para los micrófonos, ya que con este dispositivo se vuelve muy autónomo y se evitan posibles interferencias como problemas informáticos. La grabadora externa registra el sonido directamente en la tarjeta SD del dispositivo y cuenta con múltiples conexiones para los cables de los micrófonos individuales.

Cuando grabas con invitados en sitio, siempre vas a necesitar trípodes apropiados. Estos trípodes serán un poco más grandes que los empleados en grabaciones en solo o remoto, dado que la separación entre las personas del grupo es mayor y suelen tener alturas distintas que requieren ajustes en los soportes. Es fundamental situar los micrófonos lo más cerca posible de los invitados para captar el mejor sonido de todos.

El uso de auriculares es igualmente recomendable. En el caso de grabaciones con invitados en persona, estos son imprescindibles para que el presentador o un técnico pueda controlar el nivel de audio y la distancia al micrófono durante la grabación. Para los invitados, no es necesario preocuparse por esta cuestión; simplemente deben hablar de forma natural.

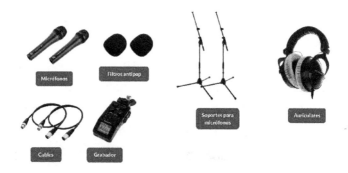

También he preparado una lista de compras para grabar con invitados en sitio, la cual está incluida en los materiales. En ella se detallan todas las herramientas técnicas mencionadas.

Organización

Para que tu grabación con invitados en sitio sea exitosa, es fundamental una buena preparación. En esta sección, te detallo todas las particularidades que debes considerar.

En todo caso, debes buscar una sala apropiada que sea lo bastante amplia para todos los invitados, pero que al mismo tiempo genere poca reverberación.

Para lograr esto, es importante que la sala no cuente con muchas paredes lisas; lo ideal es que esté amueblada con algunos muebles o textiles que puedan reducir la reverberación.

También es importante preparar el equipo, conectar y probar todos los dispositivos con anticipación antes de la entrevista. Este proceso puede llevar entre 20 y 30 minutos, especialmente en el caso de una grabación con invitados, que es más compleja que una grabación en solo o remoto. Por eso, es recomendable planificar con suficiente margen de tiempo desde el principio.

Cuando los invitados lleguen, proporciona unas breves instrucciones y explícales cuál es la distancia óptima para hablar en el micrófono y por qué es crucial para obtener una calidad de sonido óptima. Una distancia de 5 a 10 cm es generalmente adecuada para los micrófonos vocales dinámicos. Antes de la entrevista propiamente dicha, es fundamental ajustar el nivel de grabación en la grabadora portátil; puedes solicitar a tus invitados que compartan algo sobre ellos mismos como una especie de prueba preliminar.

Durante la grabación, es fundamental que una persona lleve siempre auriculares y, si es necesario, ajuste el nivel si un invitado habla inesperadamente más bajo o más alto. Esta persona puede ser el presentador o un técnico. Asimismo, es importante estar atento a la distancia de habla durante la grabación y, en caso de duda, dar una señal si alguno de los invitados se aleja demasiado o se acerca demasiado al micrófono.

Otro paso crucial es realizar una copia de seguridad de las grabaciones inmediatamente después de la entrevista, es decir, transferirlas de la tarjeta SD a un ordenador y, de ser posible, hacer una copia de seguridad en la nube. Esta medida te ayudará a prevenir contratiempos inesperados provocados por la pérdida accidental de datos.

Software

Después de transferir nuestras grabaciones sin editar al ordenador, podemos volver a trabajar en ellas usando el programa gratuito de edición Audacity. En los materiales de este libro, hallarás el enlace a Audacity. En el siguiente capítulo, te sumergirás en el proceso práctico de edición. Si lo prefieres, también tienes la opción de externalizar la producción de tus episodios a una empresa profesional como kurt creativo.

Materiales del libro

www.kurtcreativo.es/materiales-ppn

Podcast con vídeo

Una configuración particular es la grabación de podcasts con video. Dado que existen algunas diferencias técnicas en comparación con la grabación de solo audio, dedicaré una sección separada a esta configuración.

Según la definición clásica, los podcasts son principalmente productos de audio. No obstante, hay muchas personas que graban sus podcasts simultáneamente en video, especialmente para compartirlos en plataformas como YouTube, entre otras, y luego los publican de esta manera. Por eso, me gustaría volver a analizar cómo se lleva a cabo este proceso y cuáles son sus ventajas e inconvenientes.

Cuando grabamos con vídeo, al principio contamos, según el número de participantes, con una configuración similar a la grabación estándar en solo o con invitados en sitio, además de una cámara adicional. En este momento, no entraré en detalles sobre las producciones de vídeo, pero aparte de garantizar un buen sonido, debemos asegurarnos de que las condiciones para el vídeo sean óptimas: la iluminación, el escenario, la calidad de la cámara, los ajustes adecuados, entre otros aspectos. Durante la entrevista, la cámara registra en simultáneo con el audio y, por supuesto, debe mantenerse siempre sincronizada con el sonido, lo que plantea un desafío especial al editar la grabación.

Ventajas de un podcast con vídeo

Podemos aprovechar de manera más efectiva un podcast con video en plataformas como YouTube, ya que al utilizar el componente visual de estas plataformas, ofrecemos una presentación más atractiva en comparación con simplemente mostrar una imagen estática o un audiograma. Esto nos ayuda a captar de forma más efectiva la atención de nuestros seguidores.

También podemos motivar a los oyentes a suscribirse a nuestros otros canales. Esta estrategia de promoción cruzada es bastante simple, por ejemplo, guiando a nuestros seguidores de Spotify hacia nuestro canal en YouTube, y en YouTube hacia nuestro podcast en plataformas de audio como Spotify y Apple Podcasts.

Otra ventaja significativa para retener al oyente es que al usar video, apelamos tanto al sentido visual como al auditivo. Nuestros seguidores pueden captar gestos, expresiones faciales y todo el entorno visual mucho mejor que solo con el audio. Por ejemplo, si nuestro invitado muestra diversas expresiones faciales, se detiene a reflexionar o se ríe a carcajadas, todo esto se muestra de manera más expresiva con el video. Al tener otro canal sensorial, nuestro podcast se vuelve más dinámico.

Desventajas de un podcast con vídeo

No obstante, grabar podcasts en video también presenta ciertas desventajas. El esfuerzo técnico necesario es considerablemente mayor, incluso solo para la grabación. Se requiere atención especial a la cámara, la iluminación y el escenario, lo que constituye un tema complejo en sí mismo. Esto implica que el esfuerzo es mucho más intenso que al grabar un podcast tradicional, donde solo debemos enfocarnos en el sonido.

Además, la edición de audio y video es

considerablemente más complicada. Siempre debemos sincronizar la edición tanto del video como del audio. Con un podcast de audio exclusivamente, podemos simplemente recortar ciertas secciones. Sin embargo, con el video es más complicado, ya que pueden producirse "saltos de imagen" que generalmente solo pueden evitarse utilizando un segundo ángulo de cámara. Por lo general, la edición de audio no presenta estos problemas.

Un buen micrófono es crucial para la calidad del sonido. Sin embargo, al grabar un video, puede resultar distractor, ya que según el modelo puede tapar el rostro. Si tu enfoque es principalmente en el podcast de audio, esto no supone un problema e incluso puede añadir autenticidad. No obstante, para un podcast de video donde se busca mostrar completamente el rostro, gestos y expresiones del invitado, un micrófono de estudio grande podría resultar distractor, siendo preferible optar por otro micrófono menos llamativo aunque con una calidad de sonido inferior.

Cuando se anuncia una entrevista en video, es posible que muchos invitados se preocupen más por su apariencia que por el contenido del mensaje. Desean lucir bien en el video y, por lo tanto, pueden prestar menos atención al contenido en sí. En un podcast de audio, por otro lado, la mayoría de las personas tienden a ser más auténticas, ya que se sienten menos observadas y las apariencias son menos relevantes.

Tal vez ya has notado por la comparación: Es difícil mantener un rendimiento óptimo tanto en video como en audio al mismo tiempo. Es necesario enfocarse en uno de los dos aspectos. Personalmente, estoy convencido de que es difícil dar lo mejor de uno mismo en ambos aspectos simultáneamente.

Si te enfocas en el audio, el video será más bien un producto secundario. Así garantizarás la mejor calidad de sonido, pero es posible que tengas que hacer algunas concesiones en la presentación del video: por ejemplo, mostrando claramente un micrófono en la imagen o utilizando un fondo más técnico.

Por otro lado, si te enfocas en el video, es probable que el audio pase a un segundo plano. En este caso, podrías optar por un micrófono de solapa discreto que apenas se note en la imagen pero que pueda ofrecer una calidad de sonido inferior. O bien, el video podría fluir sin interrupciones visuales, pero en el audio final podrían presentarse numerosas pausas, ruidos de fondo o palabras vacías.

Por lo tanto, la decisión de "¿podcasting con o sin video?" es compleja y requiere un análisis detallado. De todas maneras, también tienes la opción de emplear un podcast exclusivamente de audio en YouTube mediante un audiograma. Para más detalles al respecto, consulta el capítulo "Distribución".

CAPÍTULO 4:
POST-PRODUCCIÓN

Una vez que la primera grabación está lista, es hora de pasar a la etapa de producción. En este capítulo, te guiaré a través de todos los pasos necesarios para transformar una grabación sin editar en un episodio de podcast preparado para ser emitido y publicado en todas las plataformas habituales.

Proceso de producción

El proceso de producción de un podcast sigue siempre el mismo patrón, que me gustaría repasar aquí contigo paso a paso.

Uno de los primeros pasos clave es realizar una copia

de respaldo de los archivos de audio desde tu grabadora externa, herramienta en línea o computadora. Aunque puede parecer simple, es común que en las grabaciones a distancia los invitados borren accidentalmente sus grabaciones o estas se mezclen con otros archivos. Por eso, es importante hacer una copia de respaldo y organizar todos los archivos disponibles inmediatamente después de la grabación, para mantenerlos bien ordenados para la posterior producción.

En el siguiente paso, es posible que necesites convertir los archivos al formato correcto. A veces, las grabaciones de herramientas de grabación remotas no se encuentran en un formato directamente compatible (como WAV o MP3), sino en formatos como FLAC o M4A. Por lo tanto, es prioritario convertirlas al formato estándar universal; en este caso, se suele usar WAV sin pérdidas.

Luego procedemos a la edición, donde cortamos nuestro episodio de podcast. Revisamos minuciosamente todo el episodio para asegurarnos de eliminar cualquier parte no deseada, como errores de habla, comienzos de oraciones repetidos, muletillas o pausas extensas, cortando estos segmentos de la grabación.

Una vez que hemos editado el contenido y el estilo de la grabación, llega el momento de centrarnos en la calidad del sonido. Comenzamos por la mezcla, donde ajustamos los niveles de volumen de cada pista para equilibrar el sonido, aumentando en las partes demasiado silenciosas y disminuyendo en las secciones más ruidosas. De esta forma, se logra una impresión general armoniosa en toda la grabación.

El proceso de sonido se termina con la masterización. En esta etapa, se aplican efectos como ecualización, compresión o limitación para brindar a nuestra mezcla un sonido uniforme, más rico, ajustando, por ejemplo, las frecuencias altas para suavizar voces apagadas y reducirlas en el caso de voces estridentes. La masterización ofrece múltiples opciones para mejorar la calidad del sonido.

Una vez hayamos finalizado la masterización de nuestro episodio de podcast, podremos exportarlo y luego proceder a subirlo. Lo subimos a nuestra plataforma de podcasts y lo enviamos para que sea publicado en todas las plataformas de podcasts que deseemos. En el siguiente capítulo, "Distribución", se detalla exactamente este proceso.

Después de un período de aprendizaje, puedes llevar a cabo todo este proceso por ti mismo utilizando el programa de edición gratuito Audacity, o puedes optar por externalizar la producción a una empresa especializada como kurt creativo. Ofrecemos tarifas flexibles y reservables para la edición de podcasts, en las que cortamos, mezclamos sus grabaciones en bruto con el más alto nivel técnico y las masterizamos, listas para su publicación. Esta opción te permitirá ahorrar un valioso tiempo que podrías dedicar a otras tareas. Puedes encontrar más información sobre nuestros servicios de edición en los materiales adjuntos a este libro.

Intro, outro y diseño sonoro.

Otros elementos clave en la producción de podcasts son el intro, el outro y la identidad sonora en general. Aquí te explicaré en qué consisten y por qué son importantes estos elementos.

El intro es un identificador acústico constante al inicio de cada episodio del podcast, a veces conocido como jingle. El intro aporta a tu podcast un reconocimiento distintivo y aumenta considerablemente su nivel de profesionalismo. Normalmente implica la participación de un locutor y una pieza musical instrumental de fondo, además de poder incluir efectos de sonido breves.

El intro debe incluir los datos más esenciales sobre el podcast, como el nombre, el lema y el nombre del presentador. No obstante, se debe evitar saturarla con detalles adicionales, ya que esto podría desmotivar a los oyentes habituales. La duración óptima está entre 10 y 15 segundos. El intro se crea una sola vez y se emplea en cada episodio del podcast.

El outro es el equivalente al intro y se reproduce al final de cada episodio del podcast para brindar un cierre acústico. Por lo tanto, su estilo debe ser coherente con el del intro y puede contener, por ejemplo, una invitación a realizar una acción específica o un enlace a tu página web.

La identidad sonora también abarca la música de fondo, que son piezas instrumentales que se reproducen durante la narración. Esta música puede utilizarse para resaltar secciones específicas y recurrentes de tu podcast, diferenciándolas del resto del episodio.

Intro

Outro

Música de fondo

Dentro de los materiales de este libro, hallarás una plantilla de texto apropiada para el intro y el outro que ha probado ser efectiva en mi experiencia práctica. Sin embargo, sugiero que ni el intro ni el outro sean narrados por el presentador para que destaquen como elementos neutros y cumplan su función como parte de la identidad de la marca.

Factores de calidad del intro y outro

"La primera impresión es la que cuenta": este principio aplica también a tu podcast. Lamentablemente, todavía encuentro episodios con intros y outros de baja calidad, lo cual genera una impresión negativa en los primeros instantes. Por este motivo, en esta sección dedicaré especial atención a los aspectos específicos a considerar para lograr una buena introducción y cierre.

Como se mencionó antes, el intro y el outro son componentes neutros de la marca que no deberían ser narrados por el propio presentador, ya que eso podría generar confusión al presentarse a sí mismo. Esta situación puede desconcertar a los oyentes y, por ende, debe evitarse. La única excepción donde tiene sentido una variante del intro es en una breve presentación personal del presentador en primera persona, la cual solamente debería reproducirse en el primer episodio.

Lo óptimo es trabajar con un locutor profesional para la grabación del intro, que se adecúe estilísticamente a la imagen de tu marca o empresa. Para compañías jóvenes, sería ideal una voz joven y dinámica. En caso de que la imagen de la empresa se centre en la confianza y la tradición, una voz con un tono más maduro sería más adecuada para resaltar estos valores.

Por supuesto, la música también debe respaldar la imagen de tu marca. Debe ser consistente tanto en el intro como en el outro. Si buscas mantener una identidad sonora coherente en todo el podcast, los otros fondos musicales del podcast también deberían reflejar un estilo similar, como por ejemplo variaciones musicales del intro.

Para no romper la continuidad auditiva de los oyentes habituales, el intro debe incluir únicamente la información crucial y no sobrepasar los 15 segundos de duración.

Como último consejo que resume todo lo anterior: Asegúrate de que el intro y el outro se produzcan de manera profesional. Este aspecto de la marca, que se crea una sola vez, acompañará a tu podcast durante mucho tiempo, por lo que representa una inversión significativa y duradera. En kurt creativo colaboramos con diversos locutores profesionales y hemos creado intros y outros profesionales para una amplia variedad de podcasts. En los recursos de este libro encontrarás el enlace a nuestra página de muestra, donde podrás escuchar varias demostraciones de intros previamente producidas.

Producción con Audacity

Tienes la opción de externalizar la producción de tu episodio de podcast a una empresa profesional como kurt creativo o realizarlo por ti mismo. El software de edición gratuito Audacity es perfecto para todas las etapas del proceso, desde el intro hasta el outro, abarcando la edición, mezcla, masterización y exportación. En los recursos de este libro, hallarás el enlace de descarga.

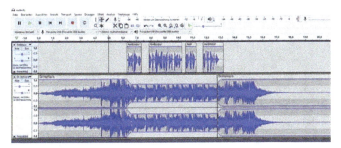

Producción de un intro con Audacity

Mezcla de un episodio de podcast utilizando varias pistas

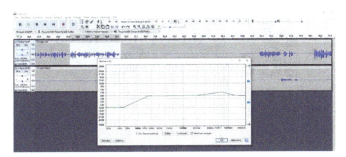

Ajuste de las diferencias de frecuencia mediante el ecualizador

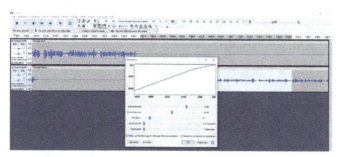

Comprimir una pista de sonido con el compresor

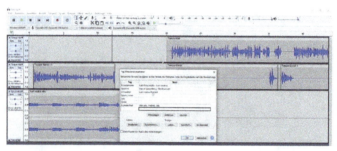

Exportar el episodio terminado como archivo MP3

www.kurtcreativo.es/materiales-ppn

CAPÍTULO 5: DISTRIBUCIÓN

Aspecto del podcast

Además del contenido de audio en sí, la presentación de tu podcast también juega un papel fundamental en su éxito. En este capítulo, vamos a revisar de manera general la estructura de un canal de podcast. Posteriormente, abordaremos los elementos de manera detallada: la descripción del podcast, los títulos de los episodios, las notas del programa, los elementos visuales (gráficos) y, por último, el tráiler del podcast, una característica especial que presentan algunas plataformas de podcasts como Spotify y Apple Podcasts.

Estructura del canal

Un canal de podcast generalmente tiene elementos muy similares, sin importar la aplicación que se utilice. La siguiente imagen ilustra un ejemplo en la aplicación de Spotify.

Lo primero que destaca es el nombre del podcast. Hemos discutido con más profundidad sobre la elección del nombre del podcast en el capítulo dedicado al planificación, por lo que ya conoces qué tipo de nombre es más apropiado y qué aspectos son importantes al seleccionarlo.

En la mayoría de las aplicaciones, verás la descripción

del podcast justo debajo. Es un breve texto introductorio pensado para captar el interés de los oyentes hacia el podcast. Esta descripción puede contener información sobre el tema del podcast, los posibles invitados y la audiencia a la que se dirige.

Los siguientes componentes se relacionan con los episodios en particular: Cada episodio comienza con un título y un texto descriptivo adicional. Esto se conoce como notas del episodio.

Ahora que estás familiarizado con la estructura fundamental de un canal de podcast y las particularidades de cada uno de sus elementos, procederemos a analizarlos en profundidad.

Descripción del podcast

La descripción del podcast debe ser lo más breve y concisa que se pueda (idealmente hasta un máximo de 600 caracteres). En varias plataformas, los textos extensos suelen recortarse al final, y es probable que los oyentes tampoco dispongan del tiempo para leer descripciones extensas. En última instancia, el objetivo principal es que la audiencia escuche el primer episodio lo más pronto posible.

La descripción debe generar interés por tu podcast

desde el principio. Plantea preguntas abiertas y no reveles todo en la descripción. Esto motiva a los oyentes a escuchar el podcast realmente en lugar de cambiar a otro formato.

Es recomendable incluir palabras clave pertinentes para el SEO en la descripción, es decir, términos específicos por los cuales deseas ser encontrado en los motores de búsqueda. No obstante, es importante usarlas con moderación y no caer en la práctica del "keyword stuffing" o el uso excesivo de ciertos términos, ya que muchos buscadores lo consideran como un intento de manipulación y pueden penalizar disminuyendo tu posición en los resultados de búsqueda.

En el caso de iTunes y Spotify, es crucial elegir una categoría apropiada. Puedes seleccionarla de una lista predefinida en el proveedor de podcasts. Explicaré cómo hacerlo con mayor detalle en la sección sobre el proveedor de podcasts. Muchos oyentes encuentran nuevos podcasts navegando por las categorías en las aplicaciones de podcasts. Por ende, es fundamental que tu podcast aparezca en la categoría correcta.

Resulta beneficioso incluir enlaces a tus otros canales en la descripción del podcast. Estos enlaces pueden dirigir a tu sitio web, canal de YouTube u otros perfiles en redes sociales. Además de ser útiles por razones legales, estos enlaces generarán más tráfico hacia tus otras plataformas y te ayudarán a crecer de manera más efectiva en ellas.

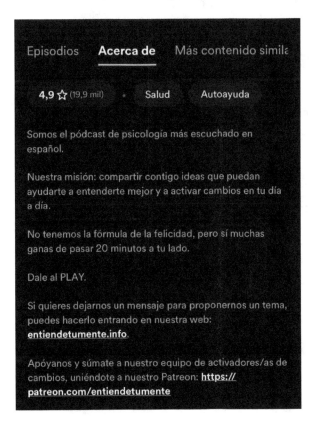

Título de los episodios

Seleccionar un título de episodio atractivo resulta

fundamental para asegurar que los potenciales oyentes accedan a los episodios de tu podcast. En la siguiente imagen, podrás observar ejemplos de buenos títulos de episodios.

Es aceptable emplear un poco de clickbait. Si logras sorprender a tus oyentes, aumentarán su curiosidad por el contenido del episodio. Reflexiona sobre qué aspectos del episodio de tu podcast podrían resultar sorprendentes para tu audiencia o incluso desafiar sus creencias, y utilízalos como anzuelo para el título del episodio.

Es clave incluir siempre el nombre del invitado o de su empresa en el título. Esto es especialmente beneficioso para el SEO, ya que estos nombres pueden generar tráfico a través de los principales motores de búsqueda, principalmente si se trata de figuras destacadas o reconocidas en su campo. Potenciales oyentes podrían buscar específicamente a uno de sus invitados y descubrir su podcast de esta manera. Si suele invitar con regularidad a personalidades destacadas, recibirá un considerable aumento de visitas.

Igual que sucede con la descripción del podcast, es muy útil para la optimización en motores de búsqueda incorporar términos de búsqueda comunes de tu sector en el título del podcast. Por ejemplo, en un podcast sobre producción de audio, tiene sentido incluir palabras clave como micrófono, estudio, entre otros, en el título. Esto incrementa las posibilidades de posicionarte más alto en los resultados de las búsquedas pertinentes.

Limita el título a un máximo de diez palabras. Los

títulos extensos suelen recortarse en las pantallas pequeñas de los móviles, algo que debemos evitar. Es fundamental que el título sea claramente legible en todos los dispositivos.

También te sugiero evitar el uso de números de episodio en el título. Solía ser una práctica habitual incluir un número correlativo al inicio de cada episodio. Dado que Apple Podcasts maneja su propia numeración en ciertas vistas y esto puede generar confusión al eliminar episodios posteriormente, Apple desaconseja esta práctica e incluso ha considerado en ocasiones reducir la calificación de los episodios con numeración.

Notas

El texto descriptivo de cada episodio del podcast se conoce como "notas". Aquí puedes utilizar bastante más texto que en la descripción del podcast. Las notas deben tener un máximo de 4.000 caracteres y lo ideal es comenzar con una primera frase emocionante, posiblemente provocativa, que despierte la curiosidad de los potenciales oyentes. En la mayoría de las aplicaciones, solo se muestran las dos o tres primeras líneas de las notas (el texto completo puede desplegarse al presionar un botón), por lo tanto, una introducción interesante aumenta la probabilidad de involucrar a la audiencia.

Es preferible evitar el uso de formato HTML en las notas. A pesar de que algunos servicios de alojamiento de podcasts permiten formatos como subrayados, cursivas, e incluso la inserción de imágenes, muchas aplicaciones de podcasts no logran mostrar adecuadamente esta codificación HTML y, en situaciones desfavorables, pueden surgir errores de visualización.

Tras la introducción, es recomendable proporcionar un breve resumen de los temas tratados en el episodio en la sección principal de las notas. No obstante, es esencial no revelarlo todo y mantener algunos detalles clave sin revelar para que los potenciales oyentes se sientan intrigados y motivados a escuchar todo el episodio.

Utiliza listas, párrafos y espacios en blanco para estructurar las notas. Formatea las notas de manera que sean fáciles de leer, evitando el uso de texto continuo. Es especialmente eficaz alternar listas con viñetas y párrafos normales.

Además, es importante considerar la optimización para los motores de búsqueda de las notas de presentación. Utiliza términos de búsqueda comunes en tu sector para que sea más sencillo que te encuentren en los resultados de búsqueda.

Al final, es recomendable incluir enlaces adicionales para acceder a más información, como los perfiles en redes sociales o el podcast del invitado. De esta manera, los oyentes pueden encontrar con facilidad más detalles sobre el invitado, y este a su vez obtiene tráfico en sus propios canales.

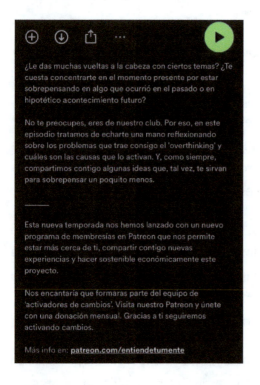

Visuales

Los elementos visuales engloban todos los gráficos de un podcast. Esto incluye, de forma natural, la portada del podcast, que se visualiza junto al título del podcast en la descripción, los resultados de búsqueda y los gráficos del podcast.

Portada del podcast

La portada del podcast representa a todo el canal. En el collage anterior, se pueden observar ejemplos de portadas de podcasts de clientes, donde destacan colores brillantes, gráficos atrayentes o rostros llamativos. Además, el título del podcast es fácilmente reconocible. Estos aspectos son vitales, ya que la portada de un podcast debe captar la atención instantáneamente.

Además de la portada del podcast, también existen las imágenes de los episodios individuales. Estas representan cada uno de los episodios y deben seguir el diseño de la portada general del podcast. Aquí te muestro dos ejemplos de imágenes de episodios de los podcasts de mis clientes.

Imagen del episodio

En ambos ejemplos, los rostros de los invitados capturan de inmediato la atención. En el podcast de "9 Meter 15" se incluye el nombre del invitado, mientras que en ITONICS está presente el logotipo de la empresa del entrevistador. Esta estrategia facilita la identificación con los invitados. Si un potencial oyente busca, por ejemplo, a Benedikt Kempkers, podrá encontrar con rapidez el podcast con esta portada, reconocerá un rostro familiar y, por ende, es más probable que haga clic en ella en comparación con una portada estándar sin personalización adicional.

Como crear una buena portada de podcast

Todos los elementos visuales deberían emplear una imagen expresiva como reclamo, preferiblemente un rostro. Las caras son siempre lo más llamativo para nosotros como espectadores y captan rápidamente la atención.

Debes fundamentar los colores y tipos de letra en los colores de tu diseño corporativo o logotipo para que el podcast se relacione de manera más efectiva con tu marca.

En los textos de la portada, emplea pocas palabras en un tamaño de letra grande. Evita el exceso de texto, dado que los podcasts se suelen visualizar en pantallas pequeñas y las fuentes muy pequeñas resultan difíciles de leer. Es esencial mantener siempre la claridad.

Si posees tu propio logotipo, definitivamente deberías integrarlo en la portada del podcast. No es necesario tener un logotipo aparte para el podcast, ya que el objetivo es fortalecer la marca de tu empresa a través del podcast. En caso de que seas autónomo, también es apropiado incluir una foto tuya de retrato.

Es recomendable crear los visuales en el formato JPEG estándar con un tamaño de 3000 x 3000 píxeles. Este formato es fácilmente compatible con la mayoría de los servicios de alojamiento y plataformas.

Tráiler del podcast

El tráiler del podcast es una adición en las plataformas como Spotify y Apple Podcasts, actuando como un adelanto sonoro de tu podcast. El tráiler del podcast posee un título propio y un breve texto descriptivo similar a las notas del programa. Tiene una duración aproximada de 2:00 a 2:30 minutos de contenido de audio y debería presentar una visión general de los datos clave más relevantes de tu podcast.

El tráiler se muestra en la parte superior de Spotify, debajo de la descripción del podcast. Muchos oyentes escuchan primero el tráiler y, si les convence, continúan con los demás episodios del podcast. Puedes estructurar el tráiler de diversas formas, lo cual depende principalmente de si tu podcast está recién comenzando o si ya cuenta con varios episodios disponibles en línea.

Tráiler de lanzamiento

La mejor manera de iniciar un podcast recién lanzado es con lo que yo llamo un "tráiler de lanzamiento". Dado que aún no hay material para episodios completos, este tráiler es puramente introductorio y se estructura de manera similar a un episodio de podcast. En este tipo de tráiler, como presentador hablas brevemente sobre el contenido de tu podcast, su título, frecuencia de publicación, entre otros detalles. Añade un fondo musical apropiado, como el de tu introducción, para mantener una identidad sonora coherente en todo el tráiler.

Tráiler sonido original

Una vez que hayas publicado entre 5 y 10 episodios y hayas acumulado suficiente material de audio de tus entrevistas, puedes avanzar hacia un tráiler de sonido original. Este tráiler incluye lo que se conoce como "sonidos originales" (un término común en los medios de comunicación). Estos fragmentos sonoros provienen de episodios de podcasts previos, resumidos en un collage. El tráiler de sonido original brinda a tus oyentes una verdadera visión general de lo que pueden esperar de tu podcast.

También puedes hallar una plantilla adecuada para la estructura tanto del tráiler inicial como del tráiler de sonido original en los recursos proporcionados en este libro.

Alojamiento de podcasts

Tras revisar el contenido y la estructura visual de un canal de podcast en secciones anteriores, esta parte se enfoca en la implementación técnica. Para esta fase, es vital contar con un servicio de alojamiento de podcasts, el cual puedes considerar como un servidor web donde se guardan todos los archivos relacionados con tu podcast: los episodios exportados en formato MP3, imágenes de episodios, la portada del podcast, títulos, notas del programa, entre otros. Toda esta información se almacena en el servicio de alojamiento y se distribuye desde allí a diversas aplicaciones de podcast. En este capítulo, te enseñaré cómo configurar el servicio de alojamiento y vincularlo con las aplicaciones de podcast.

Funcionalidad

¿Cómo llega un podcast a los oyentes? Para muchos, este proceso no resulta claro al principio, ya que la distribución de podcasts difiere significativamente de la de las plataformas de redes sociales. En lugar de subir directamente los podcasts a plataformas como Apple Podcasts o Spotify, estos se envían primero a un proveedor de alojamiento, quien se encarga de distribuirlos a las aplicaciones de podcasts a través de una interfaz.

El servicio de alojamiento crea un directorio legible por máquina a partir de todos los archivos, conocido como feed RSS. Posteriormente, este feed RSS se envía a las aplicaciones de podcast, las cuales revisan de forma periódica si hay nuevo contenido disponible. Por lo tanto, resulta fundamental configurar el servicio de alojamiento de manera correcta para garantizar que nuestro podcast aparezca de manera regular en todas las aplicaciones.

Resumen de los distintos servicios

En la actualidad, existen múltiples servicios de alojamiento diversos, pero sus funciones esenciales son bastante similares. Las disparidades principales suelen encontrarse en la política de precios, las métricas y las capacidades de monetización. Algunos ejemplos de servicios de alojamiento con tarifas de suscripción son Libsyn, Buzzsprout y Podbean.

Anchor es un servicio de alojamiento frecuentemente utilizado que ha sido adquirido por Spotify, operando ahora bajo el nombre "Spotify for Podcasters". Actualmente, el uso de Anchor es gratuito.

También tienes la opción de crear tu propio canal RSS en tu servidor, por ejemplo, mediante el uso de un plugin de Wordpress. No obstante, este método es considerablemente más complejo e implica ciertos desafíos técnicos.

Estadísticas en el alojamiento

Las estadísticas son una función crucial que se encuentra en casi todos los servicios de alojamiento. Como podcaster, son esenciales para evaluar la efectividad de cada episodio. Prácticamente todos los servicios de alojamiento actualmente proporcionan datos básicos como el recuento de visitas, los países de origen de las mismas y las aplicaciones más empleadas.

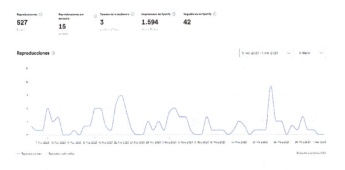

En varios servicios de alojamiento también puedes identificar qué episodios del podcast fueron especialmente populares.

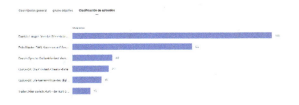

Los datos geográficos y la información acerca de las aplicaciones utilizadas también resultan muy útiles para obtener una comprensión más precisa de los canales de distribución y, por ejemplo, determinar qué aplicaciones de podcasts son especialmente adecuadas para promocionar tus propios contenidos.

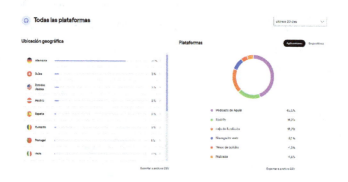

Estadísticas en Spotify

Además de las estadísticas generales proporcionadas por el servicio de alojamiento de podcasts, las plataformas individuales de podcasts también ofrecen datos estadísticos personalizados adicionales. En el caso de Spotify, puedes inscribirte en la plataforma Spotify for Podcasters. En Spotify for Podcasters, tendrás acceso a datos demográficos sobre tus oyentes. La precisión de estos datos se debe a que los usuarios de Spotify suelen ingresar información sobre su sexo, edad y preferencias musicales al crear sus cuentas, lo que te permite extraer conclusiones sobre el público al que realmente te estás dirigiendo.

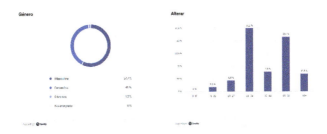

Estadísticas en Apple Podcasts Connect

Apple Podcasts cuenta con un portal similar conocido como Apple Podcasts Connect. En esta plataforma, encontrarás información adicional sobre tu podcast y los episodios individuales, como el índice de escuchas. Esto te permitirá identificar cuándo los oyentes "abandonan" tu podcast, es decir, qué secciones resultan menos interesantes y en cuáles mantienen su atención. De esta forma, podrás obtener conclusiones precisas sobre la calidad de tus contenidos.

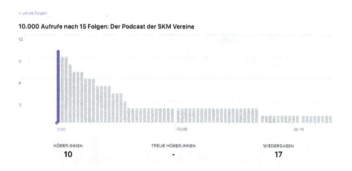

10.000 Aufrufe nach 15 Folgen: Der Podcast der SKM Vereine

HÖRER:INNEN	TREUE HÖRER:INNEN	WIEDERGABEN
10	-	17

Un caso especial: el podcast interno

Un caso especial a considerar es el podcast interno. Aparte de los podcasts públicos usados con objetivos de marketing, existen podcasts dirigidos a grupos específicos de usuarios, como para propósitos educativos o para fomentar el diálogo dentro de las empresas. Los podcasts internos difieren notablemente de los podcasts públicos tradicionales, especialmente en términos de sus medios de distribución. Por ello, es relevante abordar a fondo este tema.

El propósito del podcast público es difundirlo extensamente a través de múltiples plataformas y garantizar su fácil acceso en tantas aplicaciones relevantes como sea factible. Desde un punto de vista técnico, logramos esto al cargar los archivos en nuestro servicio de alojamiento y luego distribuirlos a todas las plataformas mediante el feed RSS. Este feed RSS es igualmente público, permitiendo a cualquiera acceder a los archivos y episodios.

En contraste con los podcasts públicos, el propósito de los podcasts internos es llegar exclusivamente a un grupo destinado específico. Este público objetivo suele ser un conjunto cerrado de usuarios, como los empleados de una empresa en particular o los suscriptores de un boletín informativo. Esto implica la necesidad de un control de acceso al contenido del podcast, que puede lograrse a través de una intranet o mediante aplicaciones y sitios web protegidos que requieran contraseña para acceder. Esta medida se emplea para evitar accesos no autorizados al podcast.

La única manera de evaluar el rendimiento de los podcasts internos es supervisar las reproducciones de los archivos individuales en el servidor. Lamentablemente, no existen estadísticas detalladas sobre los países de origen de los accesos ni datos demográficos, como los proporcionados por Spotify. Por otro lado, los podcasts internos suelen estar dirigidos de manera más precisa a un grupo objetivo específico, lo que facilita la obtención directa de información por parte de ese público.

Para difundir un podcast interno, muchas compañías aprovechan su intranet interna, donde ya existe un control de acceso, o áreas especiales protegidas por contraseña en su sitio web.

También es posible configurar un canal protegido con ciertos servicios de alojamiento. Los oyentes pueden dirigirse a una página específica del proveedor, ingresar una contraseña y acceder al podcast.

Otra alternativa es desarrollar una aplicación propia. Esta elección resulta especialmente idónea para empresas de gran tamaño con recursos financieros adecuados. La aplicación se puede distribuir a todos los empleados de la empresa y ajustarse precisamente según sus requerimientos.

Configuración del alojamiento

La configuración técnica del servicio de alojamiento varía considerablemente de un proveedor a otro.

Como es común en la mayoría de los servicios en línea, el primer paso implica la creación de una cuenta en el servicio de alojamiento. Deberás ingresar datos estándar, como tu dirección de correo electrónico, nombre, contraseña, entre otros.

Después, tendrás que ingresar información sobre el podcast, como el nombre, la descripción, la categoría, la imagen de portada, entre otros detalles.

Luego, llega el momento de cargar el primer episodio. Deberás tener tu grabación editada y masterizada en formato MP3, el título, las notas del programa y, opcionalmente, una imagen del episodio.

Una vez que hayas configurado el podcast y subido el primer episodio (y opcionalmente un tráiler), es momento de vincularlo a las plataformas de podcast. Es crucial establecer conexión con las más populares, como Spotify y Apple Podcasts. Otras aplicaciones de renombre incluyen Amazon Music, Google Podcasts y Deezer. La mayoría de las plataformas pueden conectarse ahora con tan solo un clic en el servicio de alojamiento.

Para Apple Podcasts, por otro lado, es necesario enviar manualmente el feed RSS a través de Apple Podcasts Connect.

Muchos servicios de alojamiento también ofrecen un blog de podcasts donde se publican los últimos episodios de forma automática. Por lo general, puedes personalizar este blog seleccionando diversos colores, tipografías, logotipos, etc., y utilizarlo como una alternativa a un sitio web completo, especialmente al inicio. Sin embargo, si ya posees tu propio sitio web, en el servicio de alojamiento de podcasts encontrarás reproductores integrados que podrás incrustar en tu sitio web mediante un código HTML.

 Crear cuenta y configuración básica

 Subida del primer episodio y del trailer

 Conexión con Spotify, Apple Podcasts, Amazon Music, Google Podcasts y Deezer

 Podcast-Blog y Embed Player

La plataforma de Spotify también brinda algunas funciones exclusivas adicionales que anteriormente solo estaban disponibles a través de su herramienta interna Anchor de Spotify (actualmente "Spotify for Podcasters"). Puedes cargar podcasts en vídeo, crear listas de reproducción a partir de secciones de podcasts y música, y añadir encuestas. Dado que estas funciones se utilizan escasamente en el momento de la publicación de este libro (Spotify es más conocido como una aplicación de transmisión de música y audio), no profundizaré en ellas.

Aplicaciones y plataformas

Ahora que conoces el proceso técnico básico, desde la carga de un episodio de podcast hasta su publicación en las aplicaciones de podcast, en esta sección examinaremos con detalle aplicaciones de podcast específicas.

Función y visión general de las plataformas

Veamos primero cuáles son las plataformas más populares. El Online Audio Monitor, un estudio elaborado por las autoridades alemanas encargadas de los medios de comunicación, brinda estadísticas muy ilustrativas sobre este tema.

No es sorprendente que Spotify lidere el mercado con un 48% de cuota. Por consiguiente, resulta beneficioso enlazar de forma activa a Spotify en tu estrategia de marketing y presentarlo como una plataforma para escuchar tu podcast.

Amazon Music le sigue de cerca con un 21%. Esto puede sorprender a muchos, dado que la aplicación en sí no es tan reconocida. Sin embargo, las estadísticas de Amazon Music también consideran las descargas a través de dispositivos Alexa. Todos estos dispositivos cuentan con una función de podcast y ejecutan la aplicación Amazon Music en segundo plano al recibir la orden "Alexa, reproduce el podcast XY".

Apple Podcasts ocupa el tercer lugar como plataforma más popular, con un 12% de participación. Es especialmente relevante en iPhones, dado que la mayoría de los usuarios de iPhone utilizan esta aplicación, la cual viene preinstalada en todos los dispositivos Apple. Dado que las personas con mayores ingresos tienden a tener iPhones, Apple Podcasts resulta también significativa en estrategias de marketing dirigidas a determinados grupos objetivos y siempre es recomendable enlazar hacia esta aplicación.

En cuanto a Google Podcasts, con una participación del 9%, es una aplicación relativamente menos conocida que sirve como un agregador de podcasts disponibles públicamente. Aunque su uso activo es limitado, está preinstalada en muchos teléfonos Android, otorgándole una ventaja inicial similar a la de Podcasts de Apple.

Al igual que Spotify, Deezer originalmente es una

plataforma de streaming de música que está incursionando en el ámbito de los podcasts con contenido exclusivo y listas de reproducción curadas. A pesar de esto, con una participación del 7%, la aplicación tiene una presencia limitada y puede ser descuidada en términos de estrategias de marketing.

Otros canales de distribución

Aparte de las aplicaciones de podcasts, hay otros canales que son a menudo pasados por alto como vías de distribución de podcasts, pero que también poseen una cuota de mercado considerable y no deben ser subestimados.

YouTube lidera este ámbito. Con una participación de mercado del 44%, YouTube se posiciona como la segunda plataforma principal para podcasts, después de Spotify. Actualmente, muchos podcasts se comparten en YouTube, con una proliferación de podcasts en formato de vídeo y series de entrevistas con figuras destacadas desempeñando un papel relevante. La noción de "podcast" puede ser un tanto difusa. Sin embargo, es esencial considerar YouTube debido a su amplio alcance potencial, al menos como un canal complementario. También puedes compartir allí tu contenido de audio con una imagen fija o en forma de audiograma en vídeo.

Frecuentemente se descuida el propio sitio web de la empresa. Un 16% de las personas no escuchan podcasts a través de aplicaciones, sino que optan por sitios web específicos, como los de empresas, editores o emisoras de radio. Estos sitios a menudo cuentan con podcasts incrustados, ofreciendo un potencial valioso para tu podcast. Prácticamente todos los proveedores de alojamiento de podcasts proporcionan reproductores incrustados. Con estos, puedes insertar un código HTML en tu sitio web y mostrar un atractivo reproductor de podcasts en tu diseño. De este modo, tus oyentes podrán disfrutar de tu podcast directamente en tu sitio web sin necesidad de abandonarlo.

Actualmente no se cuentan con datos distintos para altavoces inteligentes como Amazon Alexa. No obstante, si estás presente en Amazon Music y Google Podcasts, tus contenidos también serán accesibles a través de dispositivos Amazon Alexa y altavoces Google Home.

La información específica sobre aplicaciones dedicadas tampoco está disponible, dado que suelen tener una audiencia de nicho. Algunas grandes compañías disponen de aplicaciones en las que se recopilan y resumen ciertos contenidos. Sin embargo, esto aún no resulta rentable para empresas más pequeñas.

Listas y algoritmos

No te compares con los podcasts populares

Una pregunta común acerca de las aplicaciones de podcasts es: ¿qué sucede con las listas y cómo se confeccionan? Las listas de podcasts representan un enigma para muchos, pero en esencia, se generan de manera similar a las tendencias en YouTube o las listas convencionales de radio. Cuantas más veces un podcast sea escuchado, más popular parece ser para el algoritmo y más alto sube en el ranking. Sin embargo, es importante tener en cuenta que no se aplica un criterio dual: no se puede equiparar un formato muy popular y conocido de una celebridad con un podcast de nicho o corporativo.

Podcasts principales

Podcasts especiales

Me gusta comparar las discotecas con los bares. En todas las ciudades hay discotecas que suelen reproducir la música pop más actual para atraer al público general. Muchas personas van a estos lugares para socializar con amigos y bailar al sonido de la música contemporánea. Sin embargo, es poco común escuchar a alguien decir después de salir de un club: "¡Fue fantástico escuchar las últimas canciones de Justin Bieber y Lady Gaga!".

Este fenómeno se asemeja a la dinámica de los podcasts más populares: atraen a una gran audiencia, pero raramente desarrollan vínculos estrechos con los formatos y los oyentes suelen cambiar rápidamente de un podcast a otro.

Cuando diriges un podcast especializado, es fundamental no obsesionarse con los rankings de popularidad, ya que estos podcasts apuntan a un público específico, similar a la asistencia a un bar donde toca un grupo musical particular. La lealtad de los seguidores hacia un contenido de calidad es notablemente duradera en comparación con los podcasts más genéricos. Es crucial enfocarse en la calidad y la conexión con la audiencia para mantener un seguimiento sólido en este tipo de podcast.

Listas de las plataformas Apple Podcasts y Spotify

En la siguiente sección, vamos a analizar detalladamente las listas disponibles en las aplicaciones de podcasts, los cuales pueden resultar de gran interés para los podcasts especializados.

Es esencial publicar contenido de calidad y promocionarlo de manera efectiva en las primeras ocho semanas para tener la oportunidad de ser destacado en la categoría "Nuevo y destacado" de Apple Podcasts. Asegurarse de crear un buen podcast, promocionarlo correctamente y lanzar episodios de manera constante puede llevar a una inclusión relativamente sencilla en dicha categoría. Hablaremos más sobre estrategias de marketing en la sección "El lanzamiento del podcast".

En Spotify, las listas y categorías abarcan tanto selecciones automáticas como manuales. Un equipo editorial evalúa una amplia gama de podcasts para crear listas de recomendaciones, lo que significa que aparecer en ellas suele depender más de la suerte que de la influencia directa. Estas listas tienden a destacar formatos convencionales y muchas son exclusivas de Spotify.

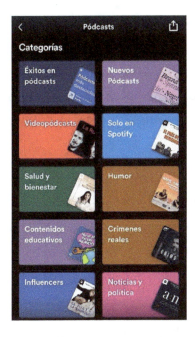

En resumen, la consistencia y la calidad son clave para obtener una buena clasificación. Por lo tanto, es fundamental enfocarse en publicar contenido de calidad de manera regular, ya que esto mejora las probabilidades de que los algoritmos respondan de manera favorable a su podcast.

Factores que influyen en la clasificación

Además del contenido y la calidad, otros factores importantes para la clasificación de un podcast incluyen el número de escuchas que recibe y la frecuencia con la que se escuchan sus episodios más recientes. Por lo tanto, para obtener buenos resultados en las listas, es crucial que su podcast sea escuchado con regularidad. En la sección "Canales publicitarios", también abordamos métodos específicos para distribuir y promocionar su podcast en su red de contactos.

El número de suscriptores en tu canal es un factor crucial. Por ello, es recomendable fomentar que los oyentes se suscriban varias veces durante tu podcast.

Tanto Spotify como Apple Podcasts permiten a los usuarios calificar los podcasts con estrellas, al igual que en Amazon, donde se pueden otorgar hasta cinco estrellas y redactar reseñas breves. Cuantas más valoraciones (especialmente con comentarios) recibas, mejor será la clasificación de tu podcast.

Otro aspecto a considerar es el porcentaje de escucha de los episodios actuales. Si tu podcast solo se escucha durante los primeros dos minutos, las plataformas podrían interpretar que el contenido no es tan atractivo, lo que podría afectar negativamente su clasificación. Es fundamental animar a los oyentes a permanecer escuchando tu podcast durante el mayor tiempo posible.

Contenidos de pago y exclusivas

Además de los podcasts de acceso gratuito creados por usuarios regulares, también existen formatos especiales que me gustaría mencionar brevemente para ser exhaustivos (aunque no son relevantes para los podcasts empresariales).

Esto engloba contenido de pago, es decir, material adicional que se puede desbloquear mediante un pago. Hasta el momento, este modelo no ha tenido un gran impacto, dado que muchos no están dispuestos a invertir sumas significativas en un podcast.

Las exclusivas son acuerdos especiales con una plataforma determinada que suelen recibir celebridades, en los cuales producen regularmente un podcast exclusivo para esa plataforma. Spotify es especialmente activo en este aspecto. Sin embargo, este enfoque no resulta atractivo para podcasters o empresas "tradicionales".

Por otro lado, existen los denominados originales, que son podcasts desarrollados en colaboración con una plataforma específica. Por ejemplo, Spotify contrata a un estudio, un productor o presentador, o un equipo de influencers para crear un podcast exclusivo para su plataforma. Estos suelen ser podcasts convencionales con un enfoque editorial. Este modelo no resulta interesante para podcasters independientes o empresas con contenido publicitario en sus podcasts.

Como podcaster independiente o empresa de podcasting, es fundamental construir una reputación. Existen diversas estrategias efectivas para lograrlo, las cuales se exploran con mayor detalle en la sección dedicada a los canales publicitarios.

El lanzamiento del podcast

En las secciones anteriores, ya has aprendido cómo publicar tu podcast en las plataformas más populares y qué aspectos son fundamentales para obtener la mejor visibilidad posible. Con estos conocimientos, puedes avanzar hacia la siguiente etapa: el lanzamiento de tu podcast. Esta fase inicial abarca las primeras semanas tras la publicación del primer episodio. Dado que este periodo es crucial para la visibilidad de tu podcast, es vital que lo prepares de manera adecuada.

Antes del lanzamiento

La promoción comienza antes del lanzamiento: antes de publicar tu primer episodio de podcast, es crucial generar el máximo interés posible entre tu audiencia objetivo anticipada. Una de las maneras más efectivas de lograrlo es a través de las redes sociales. Para asegurar un alto nivel de compromiso, es fundamental involucrar al máximo a tu público objetivo en la preparación de tu podcast.

La mejor manera de lograr esto es a través de una interacción dinámica. Incita a tu audiencia a compartir sus opiniones y a contribuir a la creación del futuro podcast. Una forma de hacerlo es preguntando en publicaciones o historias acerca de temas específicos que podrían interesar a tus seguidores en ese podcast. Esta forma de interacción les brinda la sensación de formar parte del proyecto, lo que aumenta la probabilidad de que escuchen el podcast más adelante.

También es útil compartir contenidos "entre

bastidores" durante la fase de preparación, brindando a tu audiencia una mirada interna de lo que está ocurriendo. Puedes mostrar videos de la configuración de tu estudio o de las primeras sesiones de grabación, por ejemplo. Esta táctica ayuda a despertar la curiosidad de tus seguidores hacia el lanzamiento del podcast.

Si deseas darle un enfoque altamente profesional al lanzamiento, considera crear una lista de espera para reunir a todos los seguidores interesados en tu podcast. Luego, para el estreno del primer episodio, puedes comunicarte con ellos de manera conjunta, compartir el enlace al podcast y garantizar así un alto número de reproducciones.

Interacción　　　Entre bastidores　　　Lista de espera

El objetivo principal de todas las acciones previas al lanzamiento debe ser siempre maximizar la cantidad de reproducciones de los primeros episodios, dado que los algoritmos los evalúan detenidamente y son fundamentales para determinar su posición en las plataformas de podcasts.

Los primeros episodios

Después de la fase de preparación, los primeros episodios pueden empezar de inmediato. Es fundamental causar la mejor impresión posible: intenta que los primeros episodios resulten muy atractivos auditivamente.

La clave está en despertar la curiosidad de los oyentes, mostrando un lado inesperado o revelando pequeños secretos sobre tu trabajo o tu historia personal, e incluso invitando a alguien muy especial.

En este caso, no hay límites para tu creatividad: lo esencial es generar interés y fomentar un alto índice de escucha.

Episodio 1: Nunca nos has escuchado así...

Episodio 2: Lo que siempre quisimos contarte...

Episodio 3: Entrevista exclusiva con...

Después de la publicación de los primeros episodios, tu podcast será evaluado por los algoritmos de las plataformas, otorgándote una especie de "puntuación inicial" que se ajustará ligeramente hacia arriba o hacia abajo con cada episodio subsecuente. Con una calificación sólida, es probable que tu podcast aparezca en categorías como "Nuevo y destacado".

Continuar con el momentum

Tras lanzar los primeros episodios y recibir una buena respuesta, es crucial seguir adelante. Aprovecha el interés generado por los primeros episodios para mantener satisfechos a tus oyentes y desarrollar una comunidad leal de seguidores frecuentes.

En todo caso, es fundamental mantener una programación regular de publicaciones, especialmente durante las primeras ocho semanas, cuando tu podcast podría figurar en la categoría "Nuevo y destacado". Comunica a tus oyentes la frecuencia de tus publicaciones para que puedan ajustarse a ella. Publicar un episodio semanal o cada 14 días es una frecuencia recomendada.

No obstante, la calidad es fundamental. El objetivo no es simplemente saturar con muchos podcasts, ya que serían escuchados solo por unos minutos y luego ignorados. Esto enviaría un claro mensaje a los algoritmos sobre la calidad del contenido.

Además, es importante incrementar de forma sistemática el tráfico para continuar atrayendo a nuevos potenciales oyentes a tu podcast. Puedes lograr esto a través de estrategias como las redes sociales. En la sección "Canales publicitarios" encontrarás información detallada al respecto.

Dado lo complejo que puede resultar el proceso de publicación, es común distraerse u omitir detalles importantes. En los materiales adjuntos a este libro, hallarás una lista de tareas que te ayudará a asegurar el éxito de tu lanzamiento.

Canales publicitarios

Una vez que hayas subido exitosamente tu primer episodio de podcast a todas las plataformas, has completado la tarea más exigente. Ahora es el momento de asegurarnos de que tu contenido llegue al mayor número de personas posible. En esta sección, te guiaré a través de las estrategias más efectivas para expandir tu audiencia y destacar tu podcast. Empezaremos evaluando y luego explorando cómo utilizar los canales de redes sociales, la publicidad paga y otras formas de promocionar tu podcast. También abordaremos la colaboración con colaboradores, tus propias participaciones como invitado y la interacción con tu comunidad.

Determinar el alcance existente

Antes de iniciar la planificación de estrategias, te sugiero que realices un análisis completo de tu alcance actual. Plantéate lo siguiente: ¿Qué canales estás utilizando actualmente para conectarte con tu audiencia objetivo? Es probable que ya cuentes con contactos en alguna red social, una lista de correo electrónico u otros medios que podrías aprovechar como punto de partida.

Para comenzar, te recomendaría enfocarte en el ámbito de las redes sociales. ¿En qué plataformas sociales estás activo? Tanto los perfiles de empresa como los personales son relevantes en este contexto. Especialmente, Facebook, Instagram, LinkedIn y YouTube son excelentes opciones para promocionar un nuevo podcast.

Los medios de comunicación tradicionales también representan una opción interesante para promocionar tu nuevo podcast o episodios individuales. Es posible que ya hayas establecido contacto previamente con periodistas que han cubierto noticias sobre ti y tu empresa, y podrían estar interesados en informar sobre un nuevo y emocionante proyecto de podcast.

La manera más fácil de lograrlo es aprovechar tus propios canales. Para empezar, es recomendable revisar tu sitio web o, en caso de tenerlo, tu boletín informativo. ¿Cuántas personas alcanzas con ellos? ¿Qué posibilidades existen para integrar estratégicamente tu podcast? Estas preguntas pueden servir como punto de partida adecuado.

Por supuesto, tu red de contactos personales también es de gran valor. ¿Conoces a personas influyentes que puedan compartir tu podcast con sus seguidores? Aunque el término "multiplicador" puede sonar sofisticado al principio, simplemente se refiere a individuos con buenas conexiones que podrías aprovechar para colaborar y ampliar tu alcance.

Redes sociales

Los canales de redes sociales son quizás la forma más efectiva de promocionar tu podcast y llegar a más oyentes. Esto se debe a que puedes construirlos completamente "por ti mismo" y controlar el crecimiento. Sin embargo, para desarrollar una sólida base de seguidores, se requiere paciencia o contar con un alcance significativo previo que pueda ser utilizado para expandir gradualmente el alcance. Un reciente estudio de Statista investigó los canales de redes sociales relevantes para los productores de podcast y sus participaciones en el mercado.

Como cabría esperar, Facebook lidera con un 63%. Aunque Facebook conserva la mayor cantidad de usuarios en términos estadísticos, muchos de ellos ya no consumen contenidos de manera activa y regular, prefiriendo utilizar las funciones de chat de Facebook Messenger. Con el tiempo, la plataforma se ha transformado en una amalgama confusa de herramientas, pero si ya dispones de una audiencia establecida allí, definitivamente sería conveniente aprovecharla.

Con un 49%, Instagram se sitúa como la segunda red social más utilizada y se caracteriza por ser mucho más especializada que Facebook. En Instagram, los temas emocionales gozan de gran popularidad y se destaca por su fuerte enfoque en la estética. Temas más serios como la política y los negocios no suelen tener tanto impacto en esta plataforma, que se centra mayormente en aspectos de la vida personal cotidiana. Es un espacio ideal para compartir contenido dirigido a consumidores finales. Instagram también ofrece excelentes herramientas de interacción, lo que te permite obtener fácilmente comentarios sobre tus episodios de podcast a través de las historias.

Con un 31%, TikTok se perfila como la "estrella emergente" en el panorama de las redes sociales en la actualidad. Esta plataforma está experimentando un rápido crecimiento, donde los contenidos pueden volverse virales con gran facilidad, aunque la atención de los usuarios tiende a ser fugaz. En TikTok, la audiencia principal abarca principalmente a jóvenes menores de 25 años. Por lo tanto, si tu podcast está dirigido a este grupo demográfico, es posible alcanzar rápidamente una amplia audiencia allí. Los contenidos entre bastidores y los clips breves con vídeo son especialmente adecuados para esta plataforma.

En el caso de Twitter, que ocupa aproximadamente un 29%, se da cabida a un tipo de contenido totalmente distinto: los temas más serios relacionados con discusiones y debates suelen ser especialmente populares en esta plataforma. Esta red social es reconocida por atraer a personas interesadas en debates profundos, comentarios irónicos e interacciones intensas sobre los temas compartidos. El público objetivo suele tener un nivel educativo elevado y se sitúa en el rango de edad intermedia. Un episodio de podcast compartido en Twitter tiene muchas posibilidades de ser escuchado y compartido dada la naturaleza participativa de la audiencia.

LinkedIn, con aproximadamente un 24% de participación, se presenta como una red enfocada en el ámbito empresarial, con un público objetivo altamente específico centrado principalmente en temas profesionales. Si tu podcast aborda temas dirigidos especialmente a clientes empresariales, LinkedIn se convierte en un espacio idóneo para difundirlo, permitiéndote alcanzar de manera precisa al grupo objetivo deseado. En LinkedIn, además, la cultura de debate es notable y el entorno de redes ofrece valiosos comentarios por parte de otros usuarios, enriqueciendo así la interacción y retroalimentación.

Formatos para usar en redes sociales

¿Qué alternativas existen para destacar un podcast en las redes sociales? Un formato popular es el audiograma, el cual implica el uso de una imagen estática de la portada del podcast como base, añadiendo un gráfico animado en forma de onda que se sincroniza con el sonido. Puedes generar un audiograma fácilmente con herramientas como Headliner. Solo necesitas cargar el episodio de tu podcast, elegir un segmento relevante, agregar una imagen de fondo y aplicar la animación. Headliner creará automáticamente un gráfico animado que podrás descargar como archivo de vídeo, permitiéndote destacar una cita de tu podcast de manera atractiva para tus seguidores.

Otra opción es seleccionar una cita específica de tu episodio de podcast y mostrarla en formato de texto. Para esto, el "mosaico de citas" resulta ideal. Consiste en una imagen (como la del invitado) acompañada de un texto breve y claro que destaca la cita elegida. Los mosaicos de citas son efectivos en redes sociales con un enfoque visual, como Instagram.

En tu sitio web, también puedes emplear un reproductor incrustado, para el cual puedes copiar un código HTML proporcionado por tu servicio de alojamiento o la aplicación de Spotify. Luego, podrás insertar este reproductor en un área apropiada, permitiendo a tus visitantes escuchar directamente el episodio de tu podcast sin necesidad de abrir otra aplicación. De esta manera, el proveedor de alojamiento continuará registrando las reproducciones en las estadísticas correspondientes.

Audiograma   Teja de cotización   Embed Player

El papel de la publicidad pagada

La publicidad de pago es otro aspecto relevante a considerar. En las redes sociales, resulta cada vez más complicado llegar a los usuarios interesados con publicaciones orgánicas, dado que la cantidad de contenido promocionado va en aumento. Especialmente las grandes empresas saturan las redes con anuncios. Para destacar tu contenido, necesitas ofrecer material realmente atractivo o incluso considerar la posibilidad de promocionar publicaciones individuales. Actualmente, puedes hacerlo directamente desde las aplicaciones de las redes sociales, sin necesidad de lanzar una campaña extensa. Incluso con un presupuesto modesto de prueba de 10-20 euros, puedes promocionar un episodio de podcast particularmente popular y alcanzar audiencias que antes no estaban en tu radar. Aunque los anuncios pagados no siempre generan resultados garantizados, vale la pena experimentar con ellos.

Página web

Sin duda, un sitio web tradicional también debería ser el núcleo de tu estrategia de marketing. En la actualidad, prácticamente todas las empresas cuentan con su propio sitio web y la mayoría de estos sitios reciben visitas con regularidad, ya sea para conocer más sobre la empresa o para realizar pedidos. Este es un canal que puedes aprovechar para promocionar tus nuevos episodios de podcast e integrar un reproductor incrustado (como se mencionó anteriormente).

Existen varios lugares adecuados para ello, como la

página de inicio. Allí puedes presentar de forma regular tu último episodio, por ejemplo, mediante un pequeño recuadro informativo con el título "¿Ya lo escuchaste? Nuestro nuevo episodio de podcast".

Además, puedes enlazar episodios pertinentes en tus entradas de blog que coincidan con el tema tratado en el artículo respectivo.

Te recomendaría también incluir iconos de Spotify, Apple Podcasts, entre otros, en el pie de página de tu sitio web (la sección inferior que contiene enlaces al aviso legal, política de privacidad, etc.), junto con los iconos que enlacen a tus perfiles en redes sociales. Esto asegurará que algunos visitantes hagan clic en esos enlaces por curiosidad, generando así más vistas para tu canal de podcast.

Si dispones de una sección de "Noticias", también puedes enriquecerla con contenido multimedia, como reproductores incrustados con tus episodios de podcast más recientes.

Boletín

Los boletines de noticias son una herramienta de marketing práctica y cada vez más relevante. Esto se debe a que, como se mencionó previamente, resulta cada vez más complicado captar la atención de tu audiencia objetivo a través de las redes sociales. En contraste, los boletines son una forma directa y efectiva de conectarte con ellos, con un alto alcance potencial. Puedes considerarlos como boletines digitales que llegan regularmente a las bandejas de entrada de correo electrónico de tus potenciales oyentes.

Si buscas conectar con tu audiencia como creador de podcasts utilizando redes sociales, es probable que te encuentres constantemente afectado por los algoritmos de estas plataformas. Si los algoritmos determinan que tu contenido es menos relevante en comparación con el de otro usuario, es probable que se muestre a menos personas y sea menos probable que se vuelva viral. Específicamente, los influenciadores profesionales suelen ser difíciles de superar en la lucha por captar la atención de posibles oyentes.

Por otro lado, con los boletines de noticias, te liberas por completo de los algoritmos y puedes comunicarte directamente con tu audiencia, siempre y cuando se hayan suscrito previamente a tu boletín informativo.

Multiplicadores

Otra estrategia efectiva de marketing es aprovechar multiplicadores: personas con un alcance considerable. Es muy probable que tu invitado ya tenga su propia red de contactos, la cual puede utilizar para promocionar tu podcast. Por eso, te recomendaría discutir con tu invitado de antemano acerca de la promoción de los episodios del podcast. Pregúntale si conoce a personas en su red que podrían estar interesadas en el tema del episodio y solicítales que también compartan el episodio allí.

También puedes grabar un breve vídeo de presentación junto con tu invitado y compartirlo en tus redes el día en que se publique el episodio del podcast. Con la combinación del alcance de ambas cuentas, podrán llegar a una audiencia mucho más amplia de posibles oyentes que si lo hicieras solo. Al mismo tiempo, tu invitado también se beneficiará al alcanzar a través de tu red a nuevos clientes potenciales o interesados. Es probable que tu invitado, a su vez, tenga conexiones en su red que podrían estar interesadas en tu podcast.

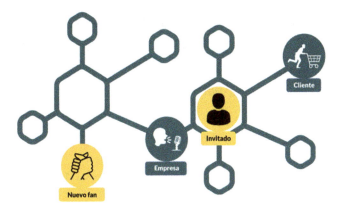

Gracias al apoyo mutuo entre nosotros y nuestros invitados, nuestra red sigue creciendo de episodio en episodio, y en cierto momento, nosotros también nos transformamos en multiplicadores. En el escenario ideal, comenzaremos a ser contactados por personas que desean ser invitadas en nuestro podcast.

Participación como invitado

Otra manera de ampliar tu alcance es participar como invitado en otros podcasts. Además de fidelizar a tu propia audiencia, también puedes considerar ser invitado en otros podcasts y establecer conexiones con otros creadores de contenido de audio. Es especialmente útil enfocarse en personas de sectores relacionados pero no directamente competitivos, que aborden temas similares. Este mismo principio aplica tanto para ti como para tus invitados: a través de estas participaciones como invitado en otros podcasts, puedes conectar fácilmente con nuevas audiencias y expandir tu propia comunidad.

Construyendo una comunidad

Hemos alcanzado la última sección de este capítulo: la creación de comunidad. En las secciones anteriores, ya has aprendido cómo expandir tanto tu alcance como el de tu podcast a través de diversas vías. La construcción de comunidades es un nicho muy especializado del marketing, una estrategia con un impacto perdurable y fundamental en el mundo de los podcasts. En este segmento, te explicaré cómo poner en marcha una efectiva creación de comunidad.

Apreciación de la audiencia

Es crucial apreciar a tu audiencia al construir una comunidad activa. La comunidad de podcasts se rige por motivaciones muy idealistas. Esto me queda claro cada vez que participo en alguna de las principales conferencias de podcasts. Allí suelo encontrarme con otros podcasters con los que intercambio ideas y debato acerca de las nuevas tendencias de la industria. En estos eventos, siempre destaco lo unidos que están los podcasters y cuántos valores comparten en común. Si estás comenzando tu propio podcast y deseas conectar con otros creadores de contenido auditivo, es fundamental comprender este marco de valores para poder establecer un diálogo fructífero.

El mundo de los podcasts suele estar interconectado de manera notable. Si uno desarrolla un buen trabajo con su podcast, es bastante común ser invitado a participar en otros podcasts, o incluso que el anfitrión de otro programa sea uno de tus invitados. Este proceso es bastante simple, siempre y cuando se priorice la idea de apoyarse mutuamente.

El ámbito de los podcasts es sumamente vibrante y activo. Muchos creadores de podcasts disfrutan experimentando y cuentan con una mentalidad altamente innovadora. Entonces, si te encuentras en un punto donde te cuestionas sobre probar o no una nueva tendencia, yo siempre sugeriría darle una oportunidad en beneficio de tu podcast.

La industria de los podcasts es muy abierta. Cualquiera tiene la capacidad de crear y participar en un podcast. A pesar de los intentos de algunas grandes empresas por establecerse como referentes en el mundo de los podcasts, esta idea rara vez se materializa. La diversidad en el ámbito de los podcasts es demasiado amplia para ser controlada de esa manera. Nadie tiene la autoridad para dictar qué tipo de contenidos puede publicar otro podcaster. Por este motivo, la mayoría de los creadores de podcasts están abiertos a explorar nuevos formatos.

La comunidad de podcasts es extremadamente democrática. Se trata de un diálogo colectivo que da voz, en el verdadero sentido de la palabra, a una diversidad de opiniones. Temas que no reciben mucha atención en los medios de comunicación tradicionales pueden destacarse y cobrar importancia en el mundo de los podcasts.

Si tienes en cuenta estos valores, te moverás con éxito en el ámbito de los podcasts y no te limitarás a simplemente "difundir" tu podcast como un individuo aislado. Asimismo, podrás contar con estar respaldado por esta comunidad y recibir apoyo de otros creadores de podcasts.

conectado

activo

abierto

democrático

Escena del podcasting

Participación de los oyentes

La interacción de los oyentes es fundamental para establecer una comunidad exitosa. Es crucial que se sientan genuinamente involucrados en tu podcast y preferiblemente que perciban que no solo son simples receptores, sino que también pueden aportar al contenido del podcast. Cuando esta sensación se manifiesta, las personas tienden a sentirse más vinculadas de forma natural con tu proyecto y están más inclinadas a escuchar un episodio hasta el final, comentarlo y compartirlo.

Existen diversas maneras efectivas de involucrar a los oyentes en tu proyecto de podcast, las cuales me gustaría compartir contigo aquí.

La manera más sencilla de fidelizar a los oyentes es a través de mensajes. Mi recomendación general es crear una dirección de correo electrónico específica para tu podcast y animar proactivamente a tus oyentes a enviar comentarios, compartir sus opiniones sobre el episodio actual y también hacer sugerencias de temas. De esta forma, recibirás retroalimentación relevante de tu audiencia y, al mismo tiempo, les brindarás la oportunidad de involucrarse activamente con tu podcast.

Es importante monitorear de manera regular las reacciones a tu podcast. Si tienes a un invitado de renombre en tu programa o alguien que aporta un tema altamente exclusivo por otros motivos, es probable que se generen reacciones en las redes sociales de manera rápida. En tales situaciones, puedes abordar con detalle este tema en el siguiente episodio.

También es posible recibir mensajes de voz de tus oyentes. Dado que los podcasts son un medio auditivo, los mensajes de voz representan un formato muy adecuado para la interacción activa. Los mensajes de voz pueden enviarse a través de aplicaciones como Spotify o de manera más convencional mediante WhatsApp. Si cuentas con el consentimiento del remitente, puedes incluso reproducir el mensaje de voz directamente en tu podcast, dando vida al episodio. De esta forma, tu audiencia tendrá literalmente una "voz propia" en tu programa.

LISTA DE TAREAS:
PRÓXIMOS PASOS

Esto nos lleva al final de este libro y, con suerte, al comienzo de tu propio viaje creativo en el mundo de los podcasts. En los recursos adjuntos a este libro, encontrarás tutoriales prácticos, hojas de trabajo y plantillas que seguramente te serán de gran ayuda en la implementación práctica de los conceptos abordados.

Para que mantengas la información organizada, a continuación te presento una lista clara de los próximos pasos en tu camino hacia la finalización de tu podcast.

Primero, es fundamental que definas el perfil de tu

audiencia ideal y entiendas con precisión quiénes son y cómo mejor conectarte con ellos.

Utilizando este perfil, deberás determinar el tema que abordarás en tu podcast. Considera un título adecuado y elige el formato que se ajuste mejor (ya sea un podcast en solitario, un podcast copresentado o un podcast de entrevistas).

Posteriormente, puedes comenzar a contactar a los invitados idóneos y programar fechas concretas para las entrevistas. Nunca es demasiado pronto para empezar, considerando que la mayoría de las personas tienen agendas bastante ocupadas, por lo que es prudente organizar las citas con cierta anticipación.

Simultáneamente, es recomendable iniciar la adquisición del equipo de grabación. En la sección dedicada a la tecnología, encontrarás recomendaciones sobre la configuración ideal para cada tipo de podcast, así como una lista detallada de los equipos necesarios y enlaces a proveedores recomendados.

Luego, es importante que consideres la marca auditiva de tu podcast y produzcas (o hagas que se produzcan) un intro y un outro que le den a tu podcast un aspecto reconocible y profesional. En los materiales de este libro, encontrarás un enlace a nuestro sitio web dedicado a las introducciones de podcasts, donde podrás escuchar algunas demostraciones.

Después, puedes comenzar a producir tu primer episodio. Una vez grabado, puedes editarlo tú mismo con el programa gratuito Audacity o externalizar la producción a una empresa como kurt creativo. La elección crucial aquí es si prefieres invertir tu propio tiempo o ahorrar tiempo asignando un modesto presupuesto a la producción externa.

Una vez que hayas finalizado el primer episodio, puedes exportarlo y cargarlo en tu alojamiento de podcasts junto con los demás elementos (portada del podcast, título, descripciones, notas del episodio).

Cuando tu podcast esté disponible en todas las plataformas relevantes, podrás iniciar su promoción a través de las redes sociales, tu círculo de contactos, colaboradores y otros medios de difusión.

- ✅ **Definir el avatar del grupo destinatario**
- ✅ **Definir tema, título, formato**
- ✅ **Hablar con invitados y concertar citas**
- ✅ **Pedir, instalar y probar la tecnología**
- ✅ **Producir intro / outro (hacerlo producir)**
- ✅ **Grabar el primer episodio y editarlo**
- ✅ **Configurar el alojamiento y subir contenidos**
- ✅ **Anunciar el podcast**

Te deseo mucho éxito en la creación de tu podcast. Me alegro mucho poder apoyarte con este libro. En nuestro canal de YouTube y en nuestro sitio web www.kurtcreativo.es, encontrarás más videos útiles con consejos y trucos, así como gran inspiración. También hallarás información adicional sobre nuestros servicios de producción de podcasts. ¡Buena suerte en tu emprendimiento!

SOBRE EL AUTOR

Kurt Woischytzky estudió gestión de la comunicación en Berlín (Alemania) y posteriormente trabajó como productor para las emisoras de radio BB Radio y Radio Teddy. En los inicios del crecimiento de los podcasts, al principio produje una variedad de formatos de podcast como autónomo y fundé mi empresa, kurt creativo, en 2019. A través de esta negocio, ha asistido con éxito a más de 200 clientes de sectores diversos en el lanzamiento de sus podcasts. Desde 2023, kurt creativo opera como una empresa completamente digital desde Madrid, la capital de España, proporcionando servicios a clientes de todo el mundo.